时代印记

王志艳◎编著

苏轼

延边大学出版社

图书在版编目（CIP）数据

寻找苏轼 / 王志艳编著 . —延吉 : 延边大学出版
社，2013.8(2020.7 重印)
ISBN 978-7-5634-5911-7

Ⅰ . ①寻… Ⅱ . ①王… Ⅲ . ①苏轼（1037 ~ 1101）—
传记—青年读物②苏轼（1037 ~ 1101）—传记—少年读物
Ⅳ . ① K825.6-49

中国版本图书馆 CIP 数据核字 (2013) 第 209684 号

寻找苏轼

编著：王志艳
责任编辑：李　宁
封面设计：映像视觉
出版发行：延边大学出版社
社址：吉林省延吉市公园路 977 号　邮编：133002
电话：0433-2732435 传真：0433-2732434
网址：http://www.ydcbs.com
印刷：唐山新苑印务有限公司
开本：690×960　1/16
印张：11 印张
字数：100 千字
版次：2013 年 8 月第 1 版
印次：2020 年 7 月第 3 次印刷
书号：ISBN 978-7-5634-5911-7
定价：29.80 元

版权所有　侵权必究　印装有误　随时调换

前言

历史发展的每一个时代，都会有对后世产生巨大影响的人物，都会有推动我们前进的力量。这些曾经创造历史、影响时代的英雄，或以其深邃的思想推动了世界文明的进步，或以其叱咤风云的政治生涯影响了历史的进程，或以其在自然科学领域中的巨大成就为人类造福……

总之，他们在每个时代都留下了深深的印记，烙上了特定的记号。因为他们，历史的车轮才会不断前进；因为他们，每个时代的内容才会更加精彩。他们，已经成为历史长河的风向标，成为一个时代的闪光点，引领着我们后人走向更加深邃的精神世界和更加精彩的物质世界。

今天，当我们站在一个新的纪元回眸过去的时候，我们不能不提起他们的名字，因为是他们改变了我们的世界，改变了人类历史的发展格局。了解他们的生平、经历、思想、智慧，以及他们的人格魅力，也必然会对我们的人生产生深刻的影响。

为了能了解并铭记这些为人类历史发展做出过巨大贡献的人物，经过长时间的遴选，我们精选出一些最具影响力、最能代表时代发展与进步的人物，编成这套《时代印记》系列丛书，其宗旨是：期望通过这套青少年乐于、易于接受的传记形式的丛书，对青少年读者的成长产生潜移默化的影响，使他们能够从中吸取到有益的精神元素，立志奋进，为祖国、为人类作出自己的贡献。

前言

　　本套丛书写作角度新颖，它不是简单地堆砌有关名人的材料，而是精选了他们一生当中最富有代表性的事迹与思想贡献，以点带面，折射出他们充满传奇的人生经历和各具特点的鲜明个性，从而帮助我们更加透彻地了解每一位人物的人生经历及当时的历史背景，丰富我们的生活阅历与知识。

　　通过阅读这套丛书，我们可以结识到许多伟大的人物。与这些伟人"交往"，也会进一步提高我们的思想品格与道德修养，并以这些伟人的典范品行来衡量自己的行为，激励自己不断去追求更加理想的目标。

　　此外，书中还穿插了许多与这些著名人物相关的小知识、小故事等。这些内容语言简练，趣味性强，既能活跃版面，又能开阔青少年的阅读视野，同时还可作为青少年读者学习中的课外积累和写作素材。

　　我们相信，阅读本套丛书后，青少年朋友们一定可以更加真切、透彻地了解这些伟大人物在每个时代所留下的深刻印记，并从中汲取丰富的人生经验，立志成才。

导 言

Introduction

　　苏轼（1037—1101），字子瞻，一字和仲，号东坡居士。四川眉州眉山（今四川省眉山市）人。中国北宋时期文豪，其诗、词、赋、散文均有极高的成就，且善书法、绘画，是中国文学艺术史上罕见的全才，也是中国数千年历史上被公认文学艺术造诣最为杰出的大家之一。其散文与欧阳修并称"欧苏"；诗与黄庭坚并称"苏黄"，又与陆游并称"苏陆"；词与辛弃疾并称"苏辛"；书法名列"苏、黄、米、蔡"北宋四大书法家"宋之家"之一；其画则开创了湖州画派。

　　苏轼出身于地主之家，自幼受父亲苏洵及母亲程氏的影响，酷爱读书。北宋仁宗嘉佑元年（1056），苏轼与父亲苏洵、弟弟苏辙一同进京，次年进士及第，深受主考官欧阳修的赏识，累官至端明殿学士兼翰林院侍读学士，礼部尚书。神宗时，苏轼任祠部员外郎。

　　熙宁二年（1069），宋神宗任用王安石实施变法，先后推行了均输、青苗、农田水利、免役、市易、方田、均税等新法。面对在全国推行的新法，苏轼认为，均输法的实质是朝廷与商贾争利，青苗法则是放债取利，而免役法则加重了市民和农民的负担。尤其当他看到新法推行中的流弊，便上书反对，并请求外任。

　　此后八年间，苏轼先后调杭州、密州、徐州、湖州等地任职。元丰二年（1079），王安石因新法失败被罢相，御史中丞李定等人上台后，诬陷苏轼曾写诗怨谤神宗，苏轼被捕入狱，几近丧命，史称"乌台诗案"。

　　后因众多朋友出手相救，神宗也有爱才之心，苏轼才免于一死，翌年改贬为黄州团练副使。在黄州期间，苏轼"深自闭塞，扁舟草履。放浪山水之间，与渔樵杂处"，写下了大量的诗篇、词赋。

元丰八年（1085），神宗去世，年幼的哲宗继位，高太后临朝，起用司马光执政，召苏轼回朝，并陆续任礼部郎中、中书舍人、翰林学士等职。元祐四年（1089）拜龙图阁学士，曾出知杭州、颍州等，官至礼部尚书。

绍圣元年（1094），苏轼再遭贬黜，谪居惠州、儋州。北还后，于建中靖国元年（1101）病逝于常州。谥号"文忠"。

本书从苏轼的少年生活开始写起，一直追溯到他青年入仕、中年被贬、老年流放，不断遭遇生活变故，同时也不断体会现实艰辛，并最终开创词坛"豪放派"之风，成为我国宋朝时期最伟大、文学艺术造诣最高的大家之一的传奇人生，旨在让广大青少年朋友了解这位中国文学艺术史上罕见之才曲折、坎坷的人生历程，从中汲取他那种在困境之中不抱怨、不屈服的坚毅品质，在艰难困苦之中仍保持内心高洁的伟岸个性，学习他那种在遭遇贬黜、排挤之后，仍一直都未曾动摇过的爱国情怀与高尚品质。

目 录
contents

目录

第一章　家世渊源

慎重则必成，轻发则多败。

——（宋）苏轼

（一）

苏轼是我国北宋时期的一位杰出的大文学家、诗人，北宋眉州眉山（今四川省眉山县）人。苏氏的祖先，根据苏轼的父亲苏洵在《族谱后录·上篇》中的叙述，发源极早。公元前1100年左右，苏氏的祖先司寇苏公的名字，第一次见之于文字记载之中，而且他的子孙在河南河内定居下来。苏洵叙述，六国时期著名的政治家苏秦，以及苏代、苏厉等，都是司寇苏公的苗裔。

汉朝时期，苏氏开始迁移入秦。苏建在长安杜陵居住，武帝时期，他以击退匈奴有功，封平陵侯。于是，苏建的后代便在平陵安家。

苏建生育了有三个儿子，长子名叫苏嘉。苏嘉的六世孙苏纯，曾为南阳太守。苏纯生子苏章，顺帝时曾为冀州刺史，后又迁为并州，有功于当地。此后，苏章的子孙便在赵郡居住下来。

苏洵在《苏氏族谱》中又叙述说：

唐神龙初，长史味道刺眉州，卒于官，一子留于眉。眉之有苏氏自是始。

因此，赵郡的苏氏就是苏章的后代。眉山的苏氏，是苏味道的后代。苏味道在唐朝武则天时期当过宰相。苏洵、苏轼都是苏味道的直系子孙。但由于眉山的苏氏是由赵郡苏氏而来，所以苏轼后来也时常提到这个世系，并称自己是"赵郡苏氏"。

苏轼的祖父苏序，字仲先，是当时的一个普通小地主。苏序的性格，据说除了简易朴实外，还有几个特点。他在与人交往时，不择贵贱，不摆架子，很容易相处。他对士大夫的态度如此，对田夫野老等劳动人民却也平和。据说他薄于为己，厚于为人，自己不治家事，将家交给儿子们去管理。他自己很节俭，但热心为善，乐于助人，族人中有事与他商量的，他总是竭尽己力。遇到灾年，他不惜卖掉自己的田产，用于救济穷苦百姓。

年轻时的苏序不喜欢读书，到老年却开始作起诗来，而且能够敏捷立成，但并没有给后人留下经过考验的作品。

苏序并未入仕。据说与当时的一般地主阶级知识分子相反，他并不热衷于功名。不过由于他的两个儿子都中了举人，有了官职，故他也被授以尚书职方员外郎。

还有一点很有趣，就是苏序对儿子的教育态度。苏序共有三个儿子，分别是苏澹、苏涣和苏洵。前两人都以文学举士，得了功名，而小儿子苏洵却像父亲年轻时一样，也不喜欢读书。对此，苏序也不加管束，任其自然成长。

对于这一点，乡亲们都很奇怪，问苏序为何这样放纵小儿子，不让他好好读书呢？每每此时，苏序都笑而不语。而苏洵也依然我行我素。

但后来却发生了大的转变，苏洵发愤读书。很显然，苏序对苏洵是采取了等待其自觉读书的教育方法，而且于其个性和智慧都是有所认识的。

苏氏自唐代到眉山定居，子孙都未出仕。苏序的二儿子苏涣是眉山苏氏子弟中最先从政的一个。

苏涣（1001—1062），初字公群，晚字文甫，比苏洵年长8岁。苏涣从政，曾担任过主簿、司法、录事参军、通判等职，去世前又被擢升为提点利州路刑狱。

作为一名官吏，苏涣能够依法办事，同情百姓，弹劾贪官污吏，压抑豪绅之家。据说，凡是他所到过的地方，都有"循良"之名，深受百姓的爱戴。

在眉山期间，苏氏还是个没有名声地位的普通地主家族，因此苏洵常常自称"西南之匹夫"，苏轼也称"家世至寒"，苏辙则称"田庐之多寡，与杨子云等"。如果以苏味道的儿子与他父亲的显贵仕宦生活相比，身世显然是大大下降了。苏洵也曾提过，从苏味道的儿子到他父亲的高祖苏泾之间，世次皆不可记，自曾祖苏釿之后，才稍稍可记。

苏洵所撰写的《苏氏族谱》，就是从苏釿开始写起的。这也意味着，200多年来，眉山苏氏一直都处于衰落的地步。这个家族曾一度连作为保存宗法制度重要象征的族谱都没有。到苏涣为官，才又标志着这个家族重新开始抬头。

（二）

苏涣的出仕，一方面打破了苏氏"三世不显"的局面，另一方面也拓展了苏氏社会交游的范围。根据现有的一些材料分析，苏涣与司马光、范缜、王珪、元绛等人可能有所交往。这两方面，对苏轼以后的从政及从政后的社会关系，都产生了一定的影响。而苏涣的"吏风"，又明显地在苏轼身上有所继承和发扬。

就苏轼的家庭成员来看，对苏轼的成长与生活道理发生过重要影响的，莫过于他的父母。

苏轼的父亲苏洵，字明允，生于宋真宗祥符二年（1009）。苏洵与他的两个儿子一起，习惯被人们称为"三苏"。

与自己的两个儿子一样，苏洵也是我国文学史上著名的"唐宋八大家"之一。但他能够成为一名优秀的散文家，却是经历了一番艰难曲折的过程。

少年时期，苏洵不爱读书。对此，他自己也承认说：

"昔予少年，游荡不学。"

在封建社会，一个地主阶级的子弟通常都要自幼寒窗苦读，从而通过科举来寻求个人出路。在荒废了少年时代之后，苏洵渐渐开始意识到，自己还是逃避不了科举这条必由之路。而且在主观愿望上，他也的确愿意为本阶级的最高代表者——皇帝，出力服役，以求做一番士大夫知识分子心目中的所谓事业。

因此，苏洵开始变得严肃起来。从此以后，他谢绝了平时往来的好友，将自己关在家中，埋头苦读。这时的苏洵已经25岁，早已过了"既冠"之年。通常来说，25岁的人或已满腹经纶，功名在握。所以，比起自己的两个哥哥来，苏洵落后了不少。但在求取功名的动机的趋势之下，苏洵还是"刻意厉行"，奋起直追。

在"发愤读书，为文辞"之后，苏洵曾怀着很大的希望去角逐功名。可第一次应试，他就落第了。28岁时，苏洵在做了充分的准备后，再次应试，但再次落第。

两次科举失败，曾给苏洵带来很大的痛苦和刺激。但是，苏洵又天性自信，对自己怀有"必胜"的信心。因此，尽管遭到两次失败，他仍未绝望。

宋朝的科举制度基本沿袭唐朝，除了贡举之外，另有制举。在宋太祖赵匡胤时就已规定，"不论内外官职布衣草泽，皆得应举"。所以，苏洵又去应试茂材异等科，试图通过这条路径获得功名。但是，摆在他面前的仍然是落第，仍然是失望。

宋朝科举的录取名额较之唐朝时是非常广泛的。唐朝时期，每科仅取二三十人，宋朝却可取五六百人。由此，屡试屡败的结果对苏洵实在是一种沉重的打击，也是一种冷酷的嘲讽。最后，苏洵终于下定决心，与科举、功名决绝。

作为，一个地主阶级知识分子，苏洵做出这个决定是需要很大勇气的。通过老子、庄子、荀子等人的生活遭遇，苏洵逐渐体会到了一个所谓"哲人"的命运；他看到了他们的不幸，然而更多的是看到了他们的伟大。如此一来，苏洵的内心再次燃起希望，开始了一个新的追求。

在《上韩丞相书》中，苏洵曾叙述了自己的这番深刻变化。他在其中写道：

> 洵少时自处不甚卑，以为遇时得位，当不卤莽。及长，知取仕之难，遂绝意于功名，而自托于学术，实亦有得而足恃。

（三）

在学术方面，苏洵在散文上获得成就时已经四十开外。而他的"成名"逐渐被人们所认识、所推崇，已是年近半百。在这时，苏洵的身边又出现了一个新的希望，那就是两个儿子的成长。

从家世来看，眉山苏氏可以说是一蹶不振。苏洵的两个哥哥虽然都取得功名，苏涣还做到了提刑官，但建树和名声都不大。苏洵屡举不第，自伤潦倒，但仍是功名的狂热追求者。而两个儿子苏轼和苏辙出生后，才能方兴未艾，所以苏洵在两个儿子身上寄托了很大的期望，希望他们能够进入仕途，博取功名，做一番大事业。

苏洵具有多方面的修养。他好学，有老而弥笃的精神和奋发淬厉的毅力；他的学问虽然不算渊博，但有志于用世，崇尚实际，不务空谈。作为一个散文家，他的特长是擅长政论性散文，以议论见长，纵

横驰骋，博辩宏伟。

事实上，苏洵是一位十分出色的政论家。他的文风在"唐宋八大家"中独树一帜，朴实而劲健，在当时形式主义占据上风的时候，他继承和坚持了现实主义的优良传统，这是很值得称道的。

另外，苏洵在思想观点上也常常有精辟独到之处。他的《六国论》就是一篇富有思想性的作品，直到今天仍有一定的借鉴意义。他对历史也有一定的研究，在见解上较同时代的某些史学家如司马光等，有许多开明之处。

由于探究过历史，所以苏洵能够以古鉴今，对北宋的现实政治持有自己的观点。他一反当时朝廷对西夏和辽国屈服求和的风气，重视军事斗争；对于成为北宋严重威胁的契丹贵族统治集团，他也认为不能采取苟安态度，而应采取强硬的主动的备战态度。历史的沉痛教训，也证明了苏洵这一见解的正确性。

除散文外，苏洵还写过一些诗。有人说他不会作诗，其实是一种偏见或误解。对于文学创作，由于自己过去经历过失败，尝过甘苦，所以也能够有一定的经验与感悟。

苏洵的妻子程氏，是大理寺丞程文应之女。程氏生于宋真宗祥符三年（1010），比苏洵小一岁。程家是眉山的巨富，苏轼的几位舅父，如程浚、程沿等，也都从政，有的做过通判、提点刑狱、转运使等，政治地位与苏轼的伯父相当。

对于苏氏父子来说，程氏是一位重要人物。在与苏洵成亲后，程夫人便十分关心苏洵的前途。她看到丈夫整日游荡不学，担心他会湮没无闻，因此虽不形于言语，内心却常常耿耿不乐。这一点，苏洵自己也是清楚的。

后来，苏洵开始发愤读书，这本是个令人惊喜的大转变，但随之而来也产生了另一个新问题，就是治学与治生之间的矛盾。苏洵也曾为这个问题苦恼过，向夫人感慨道：

"吾自视今犹可学，然家待我而生，学且废生，奈何！"

程夫人听后，回答给苏洵的却是一种热情洋溢的鼓励，一种舍己成人的自我牺牲。她说：

"我欲言之久矣，恶使子为因我而学者！子苟有志，以生累我可也！"

此后，程夫人勇敢地挑起了家庭的重担，帮助丈夫克服治学与治生之间的矛盾，从而让丈夫无后顾之忧，安心读书。

程夫人具有比较开明的思想。据说，她曾利用自己的家财来帮助族姻中的孤苦贫穷者，使他们能够嫁娶，能够成家立业；对于有急难的乡人，她也时时周济。

程夫人还是个有文化、有教养的女性，"喜读书，皆识其大意"，还相当重视对子女的教育问题。因此，程夫人也自然也成了苏轼、苏辙的启蒙老师，对他们的精神面貌、思想观点，特别是处世立身之道的形成等，都产生了不可忽视的影响。

这种具有较高文化素养的家庭氛围，对苏轼和苏辙的成长产生了深刻的影响。不过，我们也应该看到，苏洵夫妇对苏轼的影响是错综复杂的，既有积极的方面，同样也有消极的方面。在某些问题上，消极面如热衷于功名、标榜名节、标榜"忠君爱国"又表现得较为突出，这对苏轼一生的思想发展带来了不容忽视的影响。

苏轼不仅是个文学大家，在饕餮美食上也很有一手。除了广为人知的东坡肘子外，苏轼还擅长烧鱼，其烹制的鱼堪称一绝。一次，苏轼亲自下厨做鱼，刚刚烧好，隔着窗户看见挚友黄庭坚来了。苏轼知道黄庭坚又是来蹭饭的，便慌忙把鱼藏到了碗橱顶部。黄庭坚进门就问："今天向子瞻兄请教，敢问苏轼的'苏'怎么写？"苏轼回应说："苏者，上草下左鱼又禾。"黄庭坚又道："那这个'鱼'放到右边行吗？"苏轼道："也可。"黄庭坚接着道："那这个鱼放上边行吗？"苏轼道："哪有鱼放上面的道理？"黄庭坚一听，指着碗橱顶，大笑道："既然子瞻兄也知晓这个道理，那为何还把鱼放在上面呢？！"一向才思敏捷的苏轼，这次被黄庭坚戏谑了一番。

第二章　立志勤学

发奋识遍天下字，立志读尽人间书。

——（宋）苏轼

（一）

宋朝仁宗景佑三年（1036）十二月十九日，在四川省眉山县的纱縠行苏家大院里，弥漫着一种不寻常的气氛。

时年27岁的主人苏洵，此刻正在前院的书房中踱来踱去，一会儿翻翻摊放在书桌上的《易经》，一会儿看看墙上挂着的略带黄色的四扇屏幅，一会儿又凝神北往，仔细听着后面有什么动静传来，内心好像忐忑不安……

就在这时，一个女佣匆匆从后堂跑过来，面带喜色，对苏洵施礼说道：

"启禀大人，夫人刚刚产下一位公子。"

"啊！好啊！苏门总算有后代了！"

苏洵悬在心头的一块大石头终于落下，暗自庆贺自己的幸运。

这个男孩，就是日后享誉文坛的大诗人苏轼。

苏轼是苏洵夫妇的第五个孩子。在苏轼之前，苏洵的妻子程夫人曾生过三个女儿，一个儿子。居首的是个女儿，但大约未到周岁便夭折了；其次是个男孩，取名景先，也只活到四五岁就夭折了；第三个又是个女孩，不幸又在近十岁时病亡；第四个也是个女孩，与堂兄妹一起，排行老八，故而乳名也叫八娘，她只比苏轼大一岁。

现在，夫人又生下一个男孩，苏洵自然是高兴得不得了，忙跑到后院去看望夫人。

"夫人，身体可好吗？小娇儿会睁眼吧？"

后堂刚刚收拾停当，苏洵就喜滋滋地来到卧房，想早一点看到这个初见世面的儿子。

夫人见苏洵进来，面露微笑，虚弱地说：

"看把你高兴的！"

"当然高兴了！"苏洵乐呵呵地说。

前面几个孩子的相继夭折，尤其是第一个男孩的夭折，让苏洵夫妇十分难过，苏洵更是一直希望能有个聪明的男孩来继承他的学业。

对于此次产下麟儿，程夫人也倍感欣慰，所以又微笑着对苏洵说：

"还是给这孩子取个名字吧。"

"名字我早就想好了，不知夫人是否满意。这孩子的名字就叫轼，字子瞻。"苏洵胸有成竹地说，"夫人知道的，'轼'是车前的一种横木，乘车的人可以站在车前，手中扶着这根横木向远方眺望。我希望我们的孩子以后也能站立车前，出人头地，能瞻望远方，见识高远！"

程夫人微微点点头，说道：

"就是《曹刿论战》中说的'下视其辙，登轼而望之'吧。曹刿在这次战役中打败了齐军，为鲁国立下大功，我们的小轼儿以后也一定能为国家出力呢！"

"那是自然！只要我们好好教育他，一定能让他成才。"苏洵惬意地微笑着，沉浸在甜蜜的幸福之中。

（二）

在苏洵夫妇的悉心照料下，小苏轼健健康康地成长着，转眼就到了3岁。宋仁宗宝元二年（1039），程夫人又生下一个男孩，这就是苏轼的弟弟苏辙。

苏洵为苏轼取字子瞻，为苏辙取字子由。由于苏轼是家中的第二个男孩，故而又为他另外取一个字为和仲；苏辙是家中的第二个男孩，所以父亲苏洵也为他另取一字为同叔，另外苏辙还有个小名——卯君。

在教育孩子时，程夫人常常以古代志士的事迹激励他们，砥砺名节。在苏轼、苏辙幼年时期，母亲就经常给他们讲述《后汉书·范滂传》。

范滂是东汉时期的名士，少砺清节，后为清诏使，"登车揽辔，慨然有澄清天下之志"，但终因党锢之祸而被宦官杀害。在事发后，汉灵帝大诛党人，范滂不愿牵累他人，镇静自若地去自首。临行前，他让母亲"割不可忍之恩，务增感戚"，母亲回答说：

"汝今得与李（膺）、杜（密）齐名，死亦何恨！既有令名，复求寿考，可兼得乎？"

苏轼在一旁听完后，很是感动，便问母亲，自己如果成为范滂这样的人，母亲是否会同意？程夫人坚定地回答说：

"我儿若能成为范滂，母亲为何不能成为范滂的母亲呢？"

苏轼很受鼓舞，"奋厉有当世志"。母亲的教育，影响了苏轼的一生。

苏轼8岁时，进入乡校学习。乡校的校址在天庆观的北极院，先生是个道士，名叫张易简。他在这里教授近百名学童，但最赏识的有两个学生，其中一个就是苏轼。

苏轼在乡校学习三年后，便又与弟弟一起到城西寿昌院，去受另一位教授的教导。这位教授名叫刘微之，也有近百名学生。这位师傅有些才学，曾作过一首诗，其中的末联是"渔人忽惊起，雪片逐风斜"。然而，他的这个十来岁的学生苏轼，居然是一位批评家，对师傅提出，"雪片逐风斜"不如改为"雪片落蒹葭"为好。

作为我国文学史上具有多方面贡献的一位杰出文学家，苏轼自幼聪颖，文学天赋很早就显露出来。传说，苏轼在10岁时，父亲苏洵朗诵欧阳修的《谢宣召赴学士院谢赐对衣金带及马表》，令苏轼加以模拟。于是，苏轼写出了"匪伊垂之带有余，非敢后也马不进"之句，颇得父亲的赞许。

又据秦少章说，苏轼十来岁时，苏洵令他作《夏侯太初论》，苏轼便写出"人能碎千金之璧，不能无失声于破釜；能搏猛虎，不能无变色于蜂虿"这样的警句。

不过，天赋条件毕竟只是苏轼成长过程中的因素之一，最为主要的，还是苏轼在师长的教育之下，自幼就知道发挥主观努力，勤奋学习。他曾向友人介绍自己少年时代在学习上所下的决心：

"我昔家居断往还，著书不复窥园葵。"

这种劲头，完全与他的父亲苏洵当年发愤读书一样。苏洵少年时代不好学习，直到25岁才开始发愤读书。每次想到自己所走的弯路，苏洵的内心都会感到一阵懊悔。为此，他常常教育儿子少年时就勤奋学习，不能再像自己一样，走那么多弯路。

这天，苏洵又来检查苏轼背书的情况了。苏轼将《庄子》双手递给父亲，然后从《秋水》篇开始，流利顺畅地背诵起来。苏洵照例躺在书桌旁的长椅上，眯着双眼，仔细听着。苏轼那抑扬顿挫的声音，在苏洵听来简直就是世界上最悦耳、最快活的音符。这也让他的内心充满快乐与希望。

"再将今天写的文章拿来，我看看。"

苏轼又将自己写的文章递给父亲。苏洵看着苏轼书写工整、秀丽的小楷，也深感满意，不由地点了点头。随后，他又鼓励苏轼说：

"近来你的学业大有长进，不过也不要骄傲，还要再下功夫才行。"

在父亲的亲自指导下，苏轼很早就学习了作诗，而且还表现出非常广泛的兴趣和注意力。他学习《诗经》《楚辞》，学习李白、杜甫、白居易、陶渊明，也学习李商隐、王维、韩愈、柳宗元、刘禹锡等。而于诗人之中，他学习最多的是李白与杜甫。

在引导苏轼学习诗歌的同时，苏洵发现，苏轼的文学才干不仅表现在诗歌方面，在其他方面还有所发展。比如，苏轼对散文也表现出浓厚的兴趣，当他一接触到孟子和韩愈的文章，就会积极进行学习揣摩。而且，他还广泛阅读诸子百家的作品。

在学习上经历一番探索过程之后，苏轼开始考虑如何进行创作实践的问题，也就是如何通过文字正确地表达自己的思想感情问题。在学习孟子、韩愈的散文过程中，他还未能解决这个难题。后来当他接触到《庄子》时，便从我国古代的这位充满浪漫主义诗人气息的著名哲理家的诡奇变换的文笔之中，获得了很大的启发。因此，苏轼曾说：

"吾昔有见于中，口未能言。今见《庄子》，得吾心矣！"

同时，他也领悟到了父亲所教导他的：古代圣贤作文，都是在思想感情上有所不能自已而作，都是有所为而发的。由此，苏轼也获得了一个比较明确的认识，即创作不能故作勉强，一定要"非能为之为工，乃不能不为之为工"。

（三）

苏轼的少年时代，就当时的国家状况而言，阶级斗争或民族斗争虽开始出现了紧张的讯号，但北宋统治阶级还暂时维持着小繁荣局面。由于有这样一个较为稳定的大环境，又加上有一个比较安适的家庭小环境，苏轼的少年时代基本都是在无忧无虑而又勤奋学习之中度过。

除了读书作文之外，苏轼还喜欢钻研琴棋书画等艺术，尤其是喜爱

书法和绘画。对书法，他是"幼而好书，老而不倦"；对绘画，他也是到了"轻死生而重画"的程度。少年时代的这种热爱，也为他日后在这两方面的成功奠定了基础。

苏轼的少年生活中，也充满了只有在乡间田园中才有的自然情趣。在日后的诗文当中，他经常会回想起这段惬意的生活。他曾在诗中写道：

我昔少年日，种松满东冈。

——《戏作种松》

又写道：

我时与子皆儿童，狂走从人觅梨栗。
健如黄犊不可恃，隙过白驹那暇惜。

——《送表弟程六知楚州》

少年时期的苏轼，经常与其他孩童一起在门前嬉戏。夜幕降临后，一群孩子就坐在老人的身旁，听他们讲各种各样的故事。这种宁静、质朴、充满情趣的生活，对一个诗人的成长是很重要的。

苏轼12岁那年，与同伴们"凿地为戏，得异石，如鱼肤温莹，作浅碧色。表里皆细银星，扣之铿然，试以为砚，甚发墨"。这块石头虽然没有贮水的地方，可苏轼的父亲苏洵还是称此石为天砚，并亲自刻了一个木匣盛放，让苏轼好好保存，并告诉他说，这是文字之祥。

苏轼自己也很珍爱这方石砚，可后来他因罪入狱，家属流离，书籍散乱，当他被贬到黄州时，却怎么也找不到这方石砚了。

几年之后，当苏轼乘船到当涂时，偶尔打开自己所携带的一只书箱，却惊喜地发现了那方石砚。失而复得的喜悦，让苏轼更加喜爱这方石砚，后来又亲手把它交给自己的两个儿子，让他们好好保存。

苏轼也曾接触过劳动，而且还是个植松高手。他家祖茔附近的近万株松树，都是他少年时代一年年亲手栽植的。成年后，苏轼还在诗中回忆道：

老翁山下玉渊回，手植青松三万栽。

由此一来，他还以种松而闻名，人们纷纷向他来请教种松的方法。他的"东坡居士种松法"，后来被陈师道在《后山读丛》中记载下来。

少年苏轼对农业生产也有所了解。这一点，在他中年谪居黄州时开辟东坡，亲自参加生产劳动而并不外行这个问题上，也明显地反映出来。

对于农业生产的季节性，以及随之发生变化的农作物生产情况等，苏轼都十分熟悉。这对苏轼从政后关心劳动人民，同情劳动人民，以及帮助农民减轻劳动负担，提高生产效率，都产生了直接的影响。

在苏轼的故乡，还有许多风俗，这给苏轼留下了深刻的印象，并让他逐渐了解人民的生活习惯、思想感情、道德精神面貌等。

每年的春天，当地的人们都会踏春游乐。到了二月十五，还要举行盛大的"蚕市"。人们一方面鬻蚕器于市，同时作乐纵观。苏轼也为这热闹的市集所吸引，到市场边逛边看。

在那里，苏轼看到了两种人，一种是辛苦的劳动者，另一种则是游乐的享受者。劳动人民在春闲时节仍然很辛苦，而在"蚕市"上，市人还要对农民进行欺辱蒙骗：

蜀人衣食常苦艰，蜀人游乐不知还。
千人耕种万人食，一年辛苦一春闲。
闲时尚以蚕为市，共忘辛苦逐欣欢。
去年霜降斫秋荻，今年箔积如连山。

破瓢为轮土为釜，争买不啻金与纨。
忆昔与子皆童丱，年年废书走市观。
市人争夸斗巧智，野人喑哑遭欺谩。
诗来使我感旧事，不悲去国悲流年。

——《和子由蚕市》

到了岁末，农耕已毕，大家准备过个好年。在过年时，穷人与富人是两种截然不同的情形，富人摆阔气，穷人讲情义，这也给苏轼留下了深刻的印象。他曾在诗中这样写道：

衣盘巨鲤横，发笼双兔卧。
富人事华靡，彩绣光翻座。
贫者愧不能，微挚出春磨。

——《馈岁》

这首诗生动地描述了一幅故乡岁暮馈送图，同时也写出了民间馈岁时的贫富差异："盘鲤"与"笼兔"，"彩绣"与"春磨"，都形成了鲜明的对比。有钱人追求富贵奢华，而贫穷人家只能拿出自家加工的食品当作礼品。无论贫富，苏轼都客观地写出了当时当地的馈岁风俗，但也不乏流露出无人与之共举乡风乡俗的遗憾和伤感。

第三章　南行赴京

旧书不厌百回读，熟读精思子自知。

——（宋）苏轼

（一）

一转眼，苏轼已经由一个才华横溢的少年长成了19岁的青年才俊。这一年，苏轼成亲了，妻子是青神县王方的女儿，名叫王弗，比苏轼小3岁。

就在苏轼成亲的前一年，苏家还发生了一件很不幸的事，那就是苏轼的姐姐八娘的去世。八娘与两个弟弟一起长大，在苏洵夫妇的爱抚教育下，及笄而嫁。这位八娘，就是我国民间广泛传说的苏小妹，大家都认为她是苏轼的妹妹，其实她不是苏轼的妹妹而是姐姐。传说中的"苏小妹"嫁给了秦少游，而事实上八娘嫁给了程夫人的侄子，也就是她的表兄程正辅为妻。然而，八娘嫁到程家后，因事舅姑不得志，受到封建礼法的压迫，抑郁得病，19岁时便病亡了。

八娘也具有与她两个弟弟一样的文学天赋，能诗能文。她的去世，再一次给苏洵夫妇以很大的打击。自此以后，这对老夫妇便将所有的希望都寄托在仅存的两个儿子身上。

宋仁宗嘉佑元年（1056）的阳春三月，苏家大院内的各种果树都

繁花盛开，一片春色。特别是房屋附近的那两棵高大的梨树，花团锦簇，嫩叶初吐，显得格外刚健不凡。

这一天是个不平凡的日子，苏洵要从雅州（今四川雅安县）返回。眼见暮色苍茫，苏洵还没到家，程夫人有些着急，便对苏轼说道：

"轼儿，你到外面迎迎你父亲去。"

苏轼应了一声，转身出去。刚转过大门内的绿漆屏风，就见苏洵风尘仆仆地赶回来了。

程夫人一见，忙迎上前问道：

"见到府尹了吗？"

苏轼满脸笑容，说道：

"见到了。府尹真够朋友，一点都没推辞，给欧阳修写了一封措辞热烈的推荐信，说轼儿、辙儿风华正茂，才气横溢，还推崇我有'宰辅之才'。"

原来，苏洵在两次科考败北后，决定不再走科举之路，而是将精力转向学术研究，同时下功夫培养两个儿子。如今，他见两个儿子都已成人，学业也有所长进，心中十分欣慰。

苏洵与成都府尹张方平颇有交情，为了能让两个儿子尽快参加科举考试，取得功名，不再像自己一样，成为"湮沦弃置之人"，他此次特意去拜访了张方平，并请他写一封信，向韩琦、欧阳修推荐自己的两个儿子。

一家人听说张方平愿意帮忙，自然都十分高兴，苏洵更是激励两个儿子说：

"这次进京赶考，你们兄弟俩争取双双金榜提名，为苏门争一口气！"

进东都汴京是苏轼渴望已久的事了。早在他7岁那年，在天庆观北极院跟着道士张易简读乡校时，有一天，他看到张先生如饥似渴地读着一本新书。苏轼感到很好奇，就借背书的机会从旁边偷看一下，原

来张先生看的是一本《庆历圣德诗》，其中收录的是范仲淹、韩琦、欧阳修等名人的诗作。

第二天，张先生听苏轼背完书后，便笑着问他：

"你知道近来朝中发生什么大事了么？"

小小年纪的苏轼怎么能知道这些，他睁大眼睛期待着先生能为他解答。

张先生又笑了笑，缓缓说道：

"近来，朝中几位正派的大臣，像范仲淹、偶延续、富弼、韩琦等，辅佐仁宗皇帝革新政治，要选任贤能，精简庞大的官僚机构，限制皇亲国戚的特权，同时还要重视农业生产，加强边防战备……国要强盛，民要富足，天下要太平，读书人大有奔头了啊！"

张易简所讲的，正是宋仁宗年间施行的"庆历新政"。

苏轼当时对张易简介绍的显然还不大理解，但从此以后，在他的心里，却对范仲淹、欧阳修、富弼、韩琦等人产生了崇高的敬仰之情。

一晃十几年已经过去了，可苏轼一直心存理想，期盼自己有一天能够亲自进京去见见这些名流。现在，听父亲说马上就要启程进京了，苏轼欣喜异常，心也早已飞向汴京。

"爹，我们是走水路，还是要翻山？"苏轼激动地问苏洵。

"要翻山，还要攀登那'难于上青天'的蜀道。"苏洵脸色刚毅而信心满满，"顺便我们还要拐到益州一趟，去拜会一下张太守，请他再写一封书信。"

说起路经益州，苏轼也很高兴。就在去年，他还去益州游学，并拜见了府尹张方平。张方平看了苏轼写的文章，赞不绝口，将他誉为文林俊杰，预言他日后定能成为国家栋梁之才。

程夫人见一家三口要远行，心情十分沉重。但她仍然强装笑颜，说道：

"衣服银两我都准备齐全了，明日早点启程。家里的事我能操持，

你们放心就是。我在家中等候佳音。"

（二）

次日，天气风和日丽，湛蓝的天空中舒展着朵朵柔软的白云。这一天，对21岁的苏轼来说实在是不寻常，因为他将与弟弟苏辙一道告别母亲，告别亲友相邻，跟随父亲苏洵第一次离开家乡，前往京城汴梁（今河南开封），参加进士考试。

父子三人启程向北，来到嘉陵江畔的阆中（今四川阆中），自阆中走上褒斜谷（今陕西勉县北）曲折陡峭的古栈道，然后越过秦岭，进入关中。唐代大诗人李白在他的著名诗篇《蜀道难》中曾反复咏叹，"蜀道之难，难于上青天"，在崇山峻岭的包围之下，蜀地通往中原的道路艰险异常，令飞鸟敛翅，让猿猴发愁。攀行于这样的道途，一路的艰辛危险可想而知。

不过，初出茅庐的苏氏兄弟此时正当踌躇满志，故而一路兴致勃勃，不知疲倦，一边赶路，一边还抽空游览名胜，欣赏古迹。当他们风尘仆仆地到达汴京时，已经是五月了。刚刚洗去旅途的风尘，还来不及领略一下京城的旖旎风光，兄弟俩就在父亲的催促下，投入到紧张的复习备考之中。

在安顿好两个儿子后，苏洵便开始进行"外交"工作。他分别去拜访了欧阳修、富弼、韩琦等大官，还将自己十多年来精心著述的22篇文章献给欧阳修。

这年秋天，苏轼和苏辙参加了礼部的初试，并且双双考中，接下了就准备参加第二年正月的大考了。在这段时间里，两人将主要精力都用来准备功课，但在读书之余，也会到街上逛逛。有时，两人沿着繁华的街道，边浏览来往行人和两旁店铺，边天南海北地谈论着。闲暇之时，他们还到别处去看望从眉州前来的其他考生，这种场合苏轼常常能高谈阔论地发表一些读书心得。

有一次，苏轼、苏辙正在街上溜达，忽然见前面有一排仪仗队过来，两人赶紧闪到一旁，凝神观望。只见两乘轿子绚烂华丽，众多衙役前呼后拥。接着，几辆马车又随之而来，马匹肥美高俊，车帷耀眼夺目，好不威风！

苏轼望着渐渐远去的车马一张，联想到谒见大官时看到的富丽堂皇的宅第，不由感慨地说：

"子由，你想想看，朝廷中达官显贵那么多，整天又是花天酒地，朝歌暮弦，挥霍无度，国家怎么能受得了呢？"

"是啊，加上每年送给辽国的大量银子、绸绢，弄得国家财库空虚，百姓饥寒交迫……"苏辙也深有同感。

"这种积弱积贫的局面必须改变才行！"苏轼不待弟弟说完，接过话茬儿侃侃而谈，"我们经常说，辅佐皇上，使皇上成为尧、舜一样贤明的圣君，使国富民强，风俗淳厚，这是我们的抱负。现在看来，要实现这个抱负，就要从革新政治、改革现状入手……"

苏辙点头称是，对哥哥的观点深表赞同。

大考的日子终于盼到了，这是当时所有应试读书人最为重要的时刻。十年寒窗苦读，能否见到成效，就要看这黄金一般的一刻了。

应试的前一天，苏轼和苏辙两兄弟兴奋得一夜都没睡好，半夜就起床，仔细梳洗完毕，草草吃完早餐，带上早已准备好的笔墨纸砚，又包些干粮咸菜，天还未亮，苏洵就送他们从寄宿的地方出发了。

（三）

嘉佑二年（1057）正月，礼部侍郎、翰林侍读学士欧阳修受命担任礼部考试的主考官。当时，文坛盛行内容空虚、矫揉造作、奇诡艰涩的文风，欧阳修对此深恶痛绝，遂发起诗文革新运动，与一批志同道

合、才识远大的文人共同反对这种文坛积弊。

由于当时科举考试是知识分子进入仕途的主要途径，而主考官对于文章的裁判又具有至高无上的权威，所以，树立试场评文的新标准，就成为变革文风的关键。这次负责礼部考试，欧阳修就下定决心，冲破一切阻力，利用选拔人才的机会，配合诗文革新运动，以便刷新文风。

故而，欧阳修明确规定，应试文章必须言之有物，平易流畅，至于险怪奇涩、空洞浮华的文章，一律不予录取。如前所述，苏轼、苏辙两兄弟在父亲苏洵的教导下，自幼作文，即从师法先秦两汉的古文和韩愈、柳宗元的文章入手，注重内容的充实和感情的真挚，文风质朴，文笔流畅自然，这次应考，可以说是适当其时。

当时考试，纪律十分严明，考生进入考场后，各自闭关在斗室之内，不到考完试不能出场。每间斗室，都配有皇宫侍卫严加看守。

苏轼和苏辙进入考场后，便全力应考。当年的考题为《刑赏忠厚之至论》。苏轼苦心经营，三易其稿，仅用600余字便阐明了他一生所遵循的以仁治国的思想。文章指出，为政者应"以君子长者之道待天下"，一方面，赏罚必须分明：

> 有一善，从而赏之，又从而咏歌之嗟叹之；所以乐其始，而勉其终。有一不善，从而罚之，又从而哀矜惩创之；所以弃其旧，而开其新。

另一方面，又要做到立法严而责人宽：

> 可以赏，可以无赏，赏之过乎仁；可以罚，可以无罚，罚之过乎义。过乎仁，不失为君子；过乎义，则流而入于忍人。故仁可过也，义不可过也。

可赏可不赏时，要选择奖赏；可罚可不罚时，就不要惩罚，因为奖赏重了仍不失为君子，而惩罚重了则流于残忍。总之，无论赏罚，都应本着"爱民之深，忧民之切"的忠厚仁爱之心，这样就可以达到"使天下相率而归于君子长者之道"的文治昌明的理想世界。

当苏轼放下笔，满怀信心地走出考场时，他可能从来也没想到，他的这篇应试之作将会成为传诵千古的名篇。

按照宋朝的考试规定，为防止徇私舞弊，试卷在收齐之后，先由办事人员登记在册，重新抄写一遍，再呈交主考官评阅。重抄之后的试卷，既无原作者的笔迹，也略去了姓名。在考生出场之前，考试官就已进入试院，与外界隔绝，直到阅卷完毕才能出来。

按房分卷，国子监直讲、本次考试的详定官梅尧臣最先读到苏轼的这篇应试文章。这篇文章的逻辑力量、论证方法、畅达而朴素精炼的文笔，以及所发挥的正统的儒家思想，竟令梅尧臣欣喜若狂，认为其文有孟轲之风。他马上将这篇文章推荐给欧阳修。

欧阳修读完苏轼的文章后，也十分惊喜，深觉文章引古喻今，说理透辟，既阐发了传统的儒家仁爱思想，又富于个人独到的见解，且语意敦厚，笔力稳健，质朴自然，颇具古文大家的风采。他决定将这份考卷定为第一名。

可是，随即一个问题又在欧阳修的脑海中出现了，即这次考试中，他的门生曾巩也在内。而这份考卷的文风与曾巩平时所作文章颇为接近。如果真是曾巩所为，而将他擢为第一，显得有所偏爱。为了避嫌，欧阳修只好忍痛割爱，将这份答卷取为第二。

后来揭晓，这份考卷的作者就是苏轼。被录取为第一的当然也不是曾巩，不过曾巩与苏辙也被录取在高等之内。

接着便是礼部复试，在复试中，苏轼以"春秋对义"（即回答《春秋》一书的问题）而获得第一。三月，礼部考试合格者参加殿试，仁宗皇帝亲临崇政殿主持策问，这也是科举考试阶梯上的最后一关。在殿试

中，苏轼兄弟同科进士及第，而且苏轼名列前茅。这年，苏轼22岁，苏辙19岁。

在来汴京时，苏洵就去求见了欧阳修。欧阳修对苏洵的文章大加赞赏，并将苏洵比作当代荀卿。这是一个很高的评价，欧阳修曾对苏洵这样说过：

"吾阅文字多矣，独喜尹师鲁、石守道，然意犹有所未足。今见子之文，吾意足矣。"

欧阳修还在当时的宰相韩琦面前大力举荐苏洵，而韩琦也为苏洵延誉，并特别厚待他。他经常与苏洵谈乱天下之事，认为苏洵的见解有超越汉代贾谊的地方。

就在苏轼、苏辙兄弟中举的同时，欧阳修将苏洵所著的22篇文章献给朝廷，并受到重视。自此，苏洵也名动天下，士大夫和知识分子们都争相传诵他的文章。当时的文风也因之起了一个变化，从而出现了"苏氏文章擅天下"的局面。

第四章　初仕京师

　　君子以其身之正，知人之不正；以人之不正，知其身之所
未正也。

——（宋）苏轼

（一）

　　在应考过后，苏轼便开始向几位主考官相继上书，感谢他们对自己的知遇之恩。几位主考官的情况不同，苏轼在书中所谈论的问题自然也各有不同。

　　在谈到贯举与文风的关系时，苏轼认为，不论诗赋或策论，都应以简约为上，不应繁琐怪难。只有简约，才能使知识分子们敦朴而忠厚；如果繁琐怪难，则会令知识分子虚浮而矫激。

　　当时，梅尧臣是个出名的穷诗人，尽管名满天下，但不过是个五品的直讲官，不被重视。苏轼在书中认为，梅尧臣追随欧阳修，在诗文运动中互相配合，让自己十分敬仰。同时，他还感激梅尧臣在这次贡试中对自己的赏识擢举。

　　在上欧阳修书中，苏轼持批判态度，谈论了五代以来，文教衰落，风俗靡靡，越来越坏。文人作者所为，大多是浮夸轻媚丛错采锈之文。仁宗皇帝虽有志于改革，然而士大夫们仍在追求迂腐怪僻的东西。苏轼认为，古文运动从唐代韩愈开始，只有欧阳修大力提倡，启发觉悟学者。这次考试，自己的文风也多亏欧阳修大力支持，才让自己更有决心坚持正确的道路。因此，苏轼表示，自己愿意列在欧阳修门下，受其启发，有所进步。

同时，苏轼还怀着满腔热情，向韩琦、刘沆等人上书。这些人都是当时的执政者，苏轼在上书中谈古论今，文笔简朴，畅达无阻，反映出他那比较广阔的历史知识及比较灵敏尖锐的观察能力。对当前的政治、上下的风气等，他都表达了自己的见解。

此时的苏轼刚刚22岁，他一方面感到幸运，一方面也有几分自负自豪。十几年后，当他在密州回忆起这段富有历史意义的生活时，他将自己和弟弟苏辙比作晋代的两兄弟名士——陆机和陆云，联袂入洛轰动一时的景况。苏轼曾在词中这样写道：

> 当时共客长安，似二陆初来俱少年。
> 有笔头千字，胸中万卷；
> 致君尧舜，此事何难！

——《沁园春》

欧阳修也很为苏轼而高兴。这位文坛领袖，如今终于又得到了一次检阅古文复兴运动力量的机会，并从苏轼身上看到了古文运动的前景。在20年前，当他倡导古文运动时，几乎是单枪匹马地与"西昆体"为代表的追求浮躁华美的文风作战。与他一起勇敢作战的，只有尹师鲁、石守道、范仲淹、石曼卿等几人。从古文的角度来看，成绩较大的应属范仲淹和欧阳修。

而如今，尹师鲁、石守道、范仲淹、石曼卿等人已相继过世，欧阳修本人也已经51岁，尽管在文学艺术上还可有所建树，但不无孤寂之感。

让人倍感欣慰的是，最近十几年来，文坛上又涌现出两个颇为出色

的人物，一个是曾巩，一个是王安石。两人在古文上都极有才学，而且也追随自己坚持正确的主张。有这两个人，欧阳修当然不能说自己后继乏人，但他总希望能有更多、更出色的人才出现，来为古文运动创造更大、更新的局面。

现在，"三苏"父子出现了，这令欧阳修感到无比欣喜。尤其是从苏轼的身上，他更是看到了巨大的希望。欧阳修意识到，自己将把古文复兴运动这面大旗传递给一位可靠的后继者，为此，他也意识到了培养后起之秀的责任感。

通过多次接触，欧阳修也更多地认识了苏轼，了解了苏轼多方面的修养。欧阳修曾带有总结性地说过，自从学者背叛了现实主义文风，至今30余年，方才得到子瞻。

梅尧臣是首先发现苏轼才华的人，这未尝不可说是他的一大功绩。目前，梅尧臣身边有苏东坡这样的老前辈，又有曾巩、苏轼这样的新人，而苏轼比曾巩还要小15岁，他的前途自然更为远大。因此，当苏轼离京时，梅尧臣曾以高度赞美的口吻作诗送行。此外，他还赠与苏洵一首诗，特别称道了他的两个儿子。

从此以后，在欧阳修与苏轼、梅尧臣与苏轼之间，便结下了深厚的友谊。苏轼也像王安石、曾巩一样，列在欧阳修门下，成为他的一名高足。后来的事实证明，苏轼的确是欧阳修文学事业的最佳继承人。

按照宋朝的科举制度，苏轼、苏辙的中举之后就可以授官了。然而不幸的事再一次落在苏氏父子身上，从家乡传来消息，程夫人已于当年的四月间病逝了。

事出意外，未所预料，于是，苏轼、苏辙跟随父亲苏洵匆匆离京，回乡奔丧。

（二）

苏氏父子三人回到四川后，将程夫人安葬在武阳县安镇乡可龙里老翁泉的旁边。这老翁泉本来是一条不知名的山泉，后来有民间传说，在一个月明星稀的晚上，常常可以看到一位面目慈祥的白发老人出现在山泉旁边。他有时坐在泉畔出神，若有所思；有时就躺在草地上，安静地仰望着天空中皎洁的月亮。但当人们一走近他时，他立刻就隐没于泉水之中。

后来，人们便将这条山泉取名为老翁泉。据说，人在死了以后埋葬在这里，有这位慈祥的老翁照料，可以长眠久安。

按照封建社会的习俗，父母去世后，儿子必须守孝三年，不能出去为官，以表示最大的孝意。苏轼兄弟自然也不能例外，在故乡眉山蛰居了三年。

嘉佑四年（1059）冬，苏轼、苏辙守孝期满，准备再度进京。在启程之前，他们托人照顾坟茔，并由苏洵写了一篇感情充沛的祭文，在程夫人的坟前祭奠告别。

随后，苏洵带着苏轼、苏辙两兄弟及两位儿媳，乘船从岷江、长江水路进京，并于次年（1060）二月到达京师。

从长江顺流而下，沿途可以欣赏到各种山川美景。面对秀美壮丽的大好山河，苏轼写下了不少诗篇。这些诗篇，也拉开了苏轼一生诗歌创作的序幕。

在经过嘉州时，苏轼吟道：

> 朝发鼓阗阗，西风猎画旗。
> 故乡飘已远，往意浩无边。
> 锦水细不见，蛮江清可怜。
> 奔腾过佛脚，旷荡造平川。

野市有禅客，钓台寻暮烟。

相期定先到，久立水潺潺。

——《初发嘉州》

气韵洒脱的诗句透露出年轻诗人宽广的胸怀和对未来的无限希望。

在宜宾看到川黔接壤处不知名的一片乱山时，苏轼吟道：

江寒晴不知，远见山上日。

朦胧含高峰，晃荡射峭壁。

横云忽飘散，翠树纷历历。

——《过宜宾见夷中乱山》

在渝州看到江水，苏轼吟道：

舟经故国岁时改，霜落寒江波浪收。

——《渝州寄王道矩》

船至夔州，方进入长江三峡，更是：

长江连楚蜀，万派泻西南。

合水来如电，黔波绿似蓝。

余流细不数，远势竞相参。

人峡出无路，连山忽似龛。

——《入峡》

从这些诗句当中，可以看出年轻的苏轼细致敏锐的观察力和颇为厚实的表现力。尤其是《江上看山》一诗，更是笔锋流畅，气势雄劲而

29

不失蕴藉，已经初步显示出苏诗风格的主流。诗曰：

> 船上看山走如马，倏乎过去数百群。
>
> 前山槎牙忽变态，后岭杂沓如惊奔。
>
> 仰看微径斜缭绕，上有行人高缥缈。
>
> 舟中举手欲与言，孤帆南去如飞鸟。

出三峡后，便到了江陵。这一路上有许多名胜古迹，如屈原塔、八阵图、神女庙、昭君村、三游洞等，都激发了父子三人的灵感，也让他们沿途留下不少诗篇。

后来，苏氏父子将这次旅途中所写的百首诗歌编成一部《南行集》，以作纪念。其中，苏轼的诗有40首。

到达江陵之后，三人又改从陆路北上，经过襄阳（今属湖北），过唐州（今河南唐河）、许州（今河南许昌），最后抵达汴京。

三人一路北上，自秋至冬，在到达京城时，虽然已是次年二月，但却正赶上北方的漫天大雪。在距离京城45千米多的名叫尉氏的地方，苏轼独自一人被大雪困在驿站。正当他对火枯坐之时，忽然从门外闯进一个黑脸大汉。

大汉邀苏轼一同饮酒，两人对饮甚欢，大醉而眠。第二天一早，大汉骑马南去。望着客人的背影，苏轼才想起还没问那人姓名，于是写诗专咏此事。诗曰：

> 古驿无人雪满庭，有客冒雪来自北。
>
> 纷纷笠上已盈寸，下马登堂面苍黑。
>
> 苦寒有酒不能饮，见之何必问相识。

我酌徐徐不满觥，看客倒尽不留湿。

千门昼闭行路绝，相与笑语不知夕。

醉中不复问姓名，上马忽去横短策。

——《大雪独留尉氏，有客人驿，呼与饮，

至醉，诘旦客南去，竟不知其谁》

在苏轼的笔下，行客的举止闪动着唐传奇中游侠的身影。而行客的豪爽，在某种程度上也正是苏轼自己性格的最佳写照。

（三）

苏氏父子三人到达汴京后，朝廷授苏轼为河南府福昌县（今河南宜阳县西）主簿。主簿的职责主要是办理文书等事宜。然而，欧阳修因苏轼才识兼茂，大力荐之秘阁。因此，在嘉佑六年（1061），苏轼兄弟等又经过了一次"制策"考试，也就是仁宗皇帝举办的鼓励批评朝政的特殊考试。

此次考试中，苏轼作《王者不治夷狄》等六论，以成绩优异入三等。宋初以来，制策入三等的只有两人，一个是吴育，另一个就是苏轼。

为了进一步向朝廷靠拢，表达自己的政治主张，苏轼还向朝廷进呈策论二十五篇，分成"略""别""断"三部分。这些都是关乎当时国计民生、方针策略性的政治制科，所进策论及所答圣问，大概都是劝仁宗皇帝励精庶政，督察百官，果断而力行。

在策论中，苏轼反映了他在拥护朝廷的基础之上，还要求对现实政治进行改革的愿望。当时，大宋王朝内部各种矛盾已日渐尖锐。对此，苏轼说道：

"方今之势，苟不能涤荡振刷，而卓然有所立，未见其可也。"

他还运用动而不息的观点来对待万物，发扬了儒家哲学的某些进步观点，要求人主能够奋发有为，一旦赫然奋其刚健之威，有所先立，遂能引导臣民，造成一个自上而下的革新运动。

另外，苏轼还提出，行政机构应该进行改变，职务也要重新分工，还提出人主要信任执政大臣，广开言路，深结天下民心。同时还提出了一系列的改革意见，如厉法禁、抑侥幸、决壅蔽、专任使、无责难、崇教化、劝亲睦、均户口、较赋税、教战守、去奸民、厚货财、省费用、定军制、蓄材用、倡勇敢等等。

苏轼在策论中还特别提到了西夏与北辽的问题，认为"大忧未去，天下之治，终不可为也"。苏轼站在热爱北宋王朝的立场，提出要坚决与夏、辽贵族统治集团的威胁进行斗争，不可采取苟且求和态度，一定要作"必至于战"、战而必胜的准备，以掌握主动权；认为"权之所在，其国乃胜。我欲则战，不欲则守。战则天下莫能支，守则天下莫能窥"。他还根据西夏、北辽贵族统治集团军事上的特点，考虑战斗方法，从而达到百战而力有余，使他们完全垮台。

苏轼的这些策论，虽然不无议论空泛、不切实际之处，但却表示他已经开始形成自己的一套比较完整的政治思想体系，并且将其作为今后政治行动上的准绳。这些策论是苏轼青年时期政治思想上具有代表性的重要方面，反映了苏轼对当时国家政治现状所持有的批判态度，要求有所改变，进行改革的愿望也是明显的。这个总倾向也反映了苏轼政治思想的进步方面与改革色彩，带有北宋中叶统治集团内部中下层士大夫要求进步的特点。而这在一定程度上，也反映了当时广大人民群众的愿望和要求。

通过此次举制，朝廷任命苏轼为大理评事，签书凤翔府判官，即太守的助手。这年十二月，苏轼第一次离开父亲和弟弟，带着夫人王弗及长子苏迈前往凤翔府上任。是时，苏轼26岁。

第五章　任职凤翔

养生治性，行义求志。

——（宋）苏轼

（一）

凤翔是北宋的西北边陲，与西夏交接，在军事上处于十分重要的战略地位。由于该地在战争中首当其冲，且有大量的苛捐杂税压在百姓身上，故而这里的百姓比内地人民的生活更加困苦。特别是北宋所行的衙前法，要人民保管府库或运送官物，并赔偿损失，结果往往使得人民倾家荡产。

苏轼来到凤翔上任后，亲眼目睹了衙前法给百姓们带来的祸害：官吏为了趁机勒索，百姓家中凡是瓮、盎、釜、甑等最普通、最便宜的日用家具，一概估价，一律要交科役钱。这样的巧取豪夺，老百姓苦不堪言，而官府还从中变相贪污。

由于衙前法的规定，百姓要为官府保管与运送物资，每年还要编木筏竹，运经渭河、黄河，送到边陲。途中哪怕出一点问题，百姓都要负赔偿责任。因此，哪家轮到当衙前，哪家也就注定会倾家荡产。

一次，苏轼到终南县去视察民情，一位50多岁的老农夫向他哭诉。

"苏大人，他们把我家中的东西抄得一干二净，这可叫我们以后

怎么生活啊？"

原来，上个月正好轮到这位农夫支差，任务是乘木筏由渭水往黄河运送货物。中途河水十分湍急，又陡转弯的砥柱，木筏撞到岩石上，被撞得四零五散，木筏上的货物也都落到水中。

农夫返回后，官府便责令他赔偿损失，可他哪里赔得起呢？于是，如狼似虎的小吏便将他家中的东西，包括盆盆罐罐，全都拿出来作价抵偿，闹得这个农夫全家嚎啕大哭。

这件事让苏轼寝食难安。他本来是个有理想、有抱负的人，希望能够担任官职，辅佐皇帝成为尧舜那样的贤明君主，做地方官也要替百姓解除疾苦。可是，看到这一"破荡民业，忽如春冰"的衙前法，他却感到救之无术，坐以自惭。

苏轼又到百姓中仔细了解情况，听取意见，在经过一番思想斗争后，他决定向韩琦上书，切实地反映了衙前法的弊害。

同时，苏轼还对衙前法提出了自己的意见，给当役的人以一定的灵活性，"自择水工，以时进止"。如此一来，衙前法的害处减去一半。百姓对苏轼感恩戴德，都亲切地称苏轼为"苏贤良"。

在帮助府使处理具体事务，解除实际问题后，苏轼还了解到百姓更多的困苦生活状况。嘉佑七年（1062）春，凤翔发生旱灾，一冬无雪，一春无雨，眼看关中平原的麦苗纷纷枯死，农民心急如焚，苏轼也坐卧不安。

有什么办法可以解除农民的忧虑呢？当时的人普遍都存在迷信思想，就是大旱时向神灵祈雨。苏轼也不例外，遂写了一篇祈雨文。

渭河南部就是秦岭，最高的一个山峰名叫太白山，山顶上有一座不大的庙宇，庙宇前有一座小池塘，传说那里住着"龙王"。有时，它还会变成各种各样的小鱼在池塘中游来游去。

三月初七这天，苏轼命人带着香纸、祝文，前往太白山顶，向"龙王"祭祀祈祷，哀告降雨。

这次祈祷之后相隔九天，天气下了一阵小雨。但由于雨水太少，对麦子的生长根本无济于事。苏轼心里更加着急，寻找这次祈雨效果不大的原因。有人说，太白山君在唐朝时被封为"神应公"，到了宋朝就被封为"济民侯"，爵位降了一级，山神肯定会不高兴，而"龙王"又是与山神住在一起的。

苏轼又立即给宋太守写了一篇奏文，请宋太守上表仁宗皇帝，请求皇帝恢复太白山君的公爵封位，然后又派特使上太白山禀告山神，并决定再举行一次隆重的祈雨仪式。

这次祈雨，有几千人从四面八方赶来，宋太守和苏通判都亲自出席。队伍的前面，旌旗飘飘，锣鼓喧天，后面是浩浩荡荡的人群，一起涌向城外。

半路上，人们看到天空中一堆乌云压头而来，苏轼还做了一个象征性的动作，抓了一把云彩装入篓子里，然后紧紧扣上盖子，表示不让乌云飘忽而去。

说来也巧，乌云很快就如同万头野马一般从天边奔来，不一会儿，远处便雷声隆隆，人群不禁欢呼起来，太守和通判也很兴奋。

又过了一会儿，潇潇春雨终于开始下了下来，并且这一下就持续下了三天。肥沃的土地喝饱了雨水，枯萎的麦苗又恢复了生机，关中平原一派绿油油的景象。

太白山君升了官，被仁宗皇帝封为公爵，苏轼也自认为为农民办了一件好事。不过，这场雨根本不可能是他祈来的，不过是一种巧合罢了。这段祈雨的故事，倒像是一个有趣的寓言一样。

不论如何，关中农民的忧虑是解除了，大家都喜气洋洋，但最高兴的还要属苏轼自己。他在馆舍的后面建了一个小亭子，此时正好落成。为纪念这次祈雨，他特意将亭子命名为"喜雨亭"，还特意写了一篇《喜雨亭记》，刻在石碑之上。

<h1 style="text-align:center">（二）</h1>

在凤翔期间，苏轼的创作活动与文化艺术生活也有全新的进展。凤翔是周朝的发源地，在它的附近有许多名胜古迹。除了岐山西北的周公庙外，还有秦穆公墓、后汉马融石室，而五丈原更是诸葛亮出师的地点。

苏轼喜爱大自然，更喜欢游览各处的名胜古迹。他常常"溪山愈好意无厌"，有时因公出差，便游访这些地方。

凤翔还有隋唐以来的一些古寺，如开元寺、普门寺、天柱寺、真兴寺、天河寺等，寺内保留着当代大画家吴道子、王维，以及雕塑家杨惠之的艺术作品。苏轼受父亲苏洵的影响，很早就对书画艺术十分喜爱，因此在凤翔期间，他也经常入寺参观，欣赏壁画。在东院王维画壁上，还留下了苏轼的一则题记，其中写道：

> 嘉佑癸卯上元夜，来观王维摩诘笔。时夜已阑，残火耿然，画僧踽踽欲动，恍然久之。

因此，在苏轼这一时期的诸多作品当中，都开始接触到书画艺术，也出现了艺术评论。《和子由论书》，便是苏轼第一首关于论书的诗歌。此时，苏轼的书法艺术已有所成就，为人们所重视。苏轼还曾近乎自负地说：

"吾虽不善书，晓书莫如我。"

他还提出了"端庄杂流丽，刚健含婀娜"的审美观点。由于艺术视野的不断扩大，于艺术美的积极探求，加之对王维的诗画具有一定深度的理解，苏轼得出了一个著名论点：

> 味摩诘之诗，诗中有画；观摩诘之画，画中有诗。

这个时期，苏轼的诗歌创作也出现了值得注意的情况。他最早的一批诗歌收录在《南行集》当中。这个时期的作品，尽管诗歌的个性还未完全形成，但这些诗歌风格的清新朴实，语言的简洁流畅，形象的生动鲜明，以及颇具匠心的表现手法，丰富的思想内容等，都预示着苏轼不仅是一位散文能手，还具有诗人的才华。在这方面，他大有可为，有着未可限量的前途。

现在，苏轼所写的诗歌，不论情调、风格、笔力，乃至取材，都更为明显地反映出受杜甫诗歌的影响。在这期间，苏轼写下了《郿坞》《李氏园》等具有批判精神的篇章，前者对贪暴的董卓进行了无情的讽刺，后者则揭露了五代贵族军阀李茂贞为建筑院宅强夺民田、破荡千家的罪恶，这是他有意识地以古喻今。

《和子由苦寒见寄》一诗，则是在苏轼诗歌中第一次出现了富有民族正义感的爱国主义主题。这首诗反映了青年时期苏轼的民族情感和爱国热情，同时也反映了他那激昂的战斗精神。在一定程度上来说，它是当时广大人民群众搏斗心理的发扬。

其次，苏轼这一时期诗歌中的批判性和现实主义精神，也十分自然地与个人抒情及对故乡四川民间风俗的歌唱融合在一起。在《馈岁》《别岁》《守岁》以及《和子由踏青》《和子由蚕市》等篇章中，除了在有些地方暴露出贫富差距之外，大多都散发着浓郁的乡土气息，其中描绘的淳朴的民俗、节日的欢乐等，都令人十分向往，美好的回忆也往往会勾起人们对少年时代的依恋。

此外，苏轼还善于将抒情与议论结合在一起，有时干脆就以议论为诗，或则论书，或则论画，或则议论历史人物，并使用夹叙夹议、实叙追叙等手法。

其中，最突出的一点，就是苏轼善于独具匠心地创造出一种新鲜的意境和比喻，"飞鸿雪泥"就是著名的一例。他善于捕捉形象，又善于渲染气氛，描写生动的场景；他所塑造的人物形象，如踏青中的卖符道人，既吹牛又天真，可憎可爱。

再如《石鼓歌》《王维吴道子画》等，更是酣恣淋漓，既显示出苏轼奔放的才情，又表现出他所具有的高超的文字驾驭能力。

这个时期，苏轼还写下了《喜雨亭记》《凌虚台记》等散文。前者由于凤翔久旱喜雨，苏轼怀着巨大的喜悦心情，用轻松明快而又曲折多变的笔法，赞美了一些关心百姓疾苦而不居功自傲的官吏，同时也赞美了哺育万物生灵而从不居功的伟大的自然之神。后者虽然议论腾空，又戛然而止，文思具有一定的灵活性和跳跃性。

（三）

在凤翔任职期间，苏轼的情绪有时也是比较低沉苦闷的，这也反映出一种自我斗争比较激烈，思想意识又很复杂的精神状态。早在南行途中追忆古人时，苏轼就曾无力地批判过功名富贵，嘲笑过自己踏上追求名利之途的行为。而到凤翔赴任，与弟弟苏辙告别时，他又唱出人生凄恻的调子，并要苏辙"慎勿苦爱高官职"。

当时，或许青年士大夫们通常都比较普遍存在又很难自觉克服的孤高自傲在作怪，苏轼也常常感到人生崎岖，飘忽孤寂。最令他感到苦闷的，则在于从政后役名徇身，患得患失。因此，在功名事业与故乡朋友面前，他总是表现出一种矛盾的心情：

"未成报国惭书剑，岂不怀归畏友朋。"

苏轼对自己为朝廷服务，每日埋头书判，追债问囚，感到羞愧痛苦。因此，他也出现了儒家知识分子在个人欲望得不到满足时所出现的消极的、逃避现实的"追古谢今"的思想。

嘉佑八年（1063）三月，宋仁宗驾崩，十月将葬于永昭陵。为了修筑陵墓，凤翔府要输送大批的木材。苏轼花了5个多月的时间来应付这一

桩公务。适逢天气大旱，河水干涸，木料运送不出去，苏轼的内心焦虑不已。

> 桥山日月迫，府县烦差抽。
> 王事谁敢愬，民劳吏宜羞。
> ——《和子由闻子瞻将如终南太平宫溪堂读书》

老百姓不堪重负，作为官吏的苏轼不能为民造福，感到羞愧难言。他幻想自己能有呼风唤雨的本领，帮助百姓解除痛苦。可这种虚幻的想象根本于事无补，他每天看到的仍然是不忍入目的惨状：

> 千夫挽一木，十步八九休。
> 渭水涸无泥，蓄堰旋插修。
> 对之食不饱，余事更遑求。
> ——《和子由闻子瞻将如终南太平宫溪堂读书》

渭水干涸无泥，役夫十分辛苦，烈日之下，背着沉重的纤绳，一步步艰难行进。面对此情此景，苏轼难过得连饭都吃不下。

沉重、乏味、看不到希望和亮色的宦游生活，令苏轼深深倦怠。美好的年华就这样无谓地消耗，让苏轼不禁感叹：

> 人行犹可复，岁行那可追？
> ——《别岁》

亲朋好友离别，还可以再重逢，而岁月流逝以后，又怎能追回呢？如此年复一年，岁月蹉跎，所有的理想都会成为泡影。

在无所作为之中，对家乡的无限思念也油然而生：

西南归路远萧条，倚槛魂飞不可招。

野阔牛羊同雁鹜，天长草树接云霄。

昏昏水气浮山麓，泛泛春风弄麦苗。

谁使爱官轻去国，此身无计老渔樵。

——《题宝鸡县斯飞阁》

不过，作为生活在国势渐衰、百姓生活困苦这种现实环境之下的一个青年士大夫，苏轼又对自己的这种消极逃避态度感到不满，从而也激发起一种崇高的责任感来。在苏轼看来，大丈夫要以出处为重，在困厄之中不能后退，而应勇敢向前。面对苦难的社会现实，衰弱的国势，苏轼的报国之心又会时时勃然而发。

在一个早雪的天气，他提笔抒写道：

岐阳九月天微雪，已作萧条岁暮心。

短日送寒砧杵急，冷官无事屋庐深。

愁肠别后能消酒，白发秋来已上簪。

近买貂裘堪出塞，忽思乘传问西琛。

——《九月二十日微雪怀子由弟二首》之一

苏轼还认为，大丈夫应以国家为重，要武装自己，与强敌周旋：

丈夫重出处，不退要当前。

西羌解仇隙，猛士忧塞壖。

庙谋虽不战，虏意久欺天。

山西良家子，锦缘貂裘鲜。

千金买战马，百宝妆刀环。

何时逐汝去，与虏试周旋！

——《和子由苦寒见寄》

这种驰骋疆场、保家卫国的思想，在苏轼的整个思想当中都占据主要地位，并成为他战胜消极苦闷、继续不断前进的动力。

苏轼也的确学习过兵法，具有一定的军事知识。早在《荆州》一诗中，他就曾写道：

亦解观形胜，升平不敢论。

在凤翔期间，苏轼也积极学习射箭，官箭十二把，他能十一把。这也是苏轼在民族矛盾紧张过程中，敢于与强敌周旋的实际准备。

苏轼婚后不久，便应邀去黄庭坚家作客。才到那里，仆人就赶来请他马上回去，说夫人有急事。黄庭坚有心讽刺，就随口吟道："幸早里（杏、枣、李），且从容（苁蓉为一味中药）。"这句里含三种果名，一种药名。苏轼头也不回，蹬上马鞍就走，边走边说："奈这事（奈，苹果之属、蔗、柿），须当归（当归为中药名）。"东坡居士的才思实在令人拜服。

第六章　改革激流

一任秋霜换鬓毛，本来面目长如故。

——（宋）苏轼

（一）

苏轼在凤翔任职三年多，于宋英宗赵曙治平二年（1065）正月回到汴京，以殿中臣差判登闻院。

宋英宗早就听说了苏轼的大名，因而想破格召入翰林院，委以知制诰（起草皇帝诏书）或修起居注（记录皇帝言行）的重任。这一职位相当于皇帝的机要秘书，有权参与国家的重大决策，历届不少宰相都是从这一职位上擢升的。

但是，英宗的这一想法遭到了宰相韩琦的反对。韩琦认为，苏轼确实是一位难得的人才，将来也一定会得到朝廷的重用，但他现在年纪尚轻，资历较浅，骤然提升，不能令人信服，应该有一个循序渐进的培养过程，故而主张按常规经过考试，再授予馆阁的职位。

君臣之间的这一番争论不免外传，当然也传到了苏轼的耳朵里。心胸开阔的苏轼听后，不但没有不满情绪，还认为这是韩琦对自己的爱护，所以，他欣然听从安排，参加馆阁考试。

　　这次考试，苏轼又以最高的"三等"入选，授予直史官（编修国史机关的官员）。馆阁之职，最重视人才，一旦入选，便已跻身于社会名流之列。虽然没什么实权重任，但却是一般文人最为向往的清要之职。在这个位置上，苏轼也得以饱览宫中收藏的珍本图书、名人手迹和传世名画等。

　　然而不幸的是，这年的五月二十八日，厄运突然降临到苏轼的头上。夫人王弗因病去世，年仅27岁，留下了不满7岁的儿子苏迈。苏轼万分悲痛，回想十年来夫妻恩爱的生活，几乎无法接受这个惨痛的现实。

　　虽然人死不能复生，但苏轼对夫人王弗的怀念和敬爱却不曾衰减。十年后的一个夜晚，苏轼梦见夫人，仍然悲不自胜。梦醒之后，面对忽明忽暗的残灯，听到窗外呼啸的北风，他的心情久久不能平静，于是披衣下床，提笔写下了一首情词凄婉的词作《江城子·乙卯正月二十日夜记梦》：

　　　　十年生死两茫茫。不思量，自难忘。
　　　　千里孤坟，无处话凄凉。
　　　　纵使相逢应不识，尘满面，鬓如霜。

　　　　夜来幽梦忽还乡。小轩窗，正梳妆。
　　　　相顾无言，惟有泪千行。
　　　　料得年年断肠处，明月夜，短松冈。

　　词人含悲带泪，字字真情，将满腔思念倾注于笔端，创造出了一种缠绵悱恻浓挚悲凉的感人意境。生死异路，幽明两隔，十年长别，音讯渺茫，而往日的深情却总是浮上心头，难以忘怀。

　　不幸的事情真是接踵而至。夫人王弗去世后，苏轼还未从丧妻的剧

痛中解脱出来，第二年四月，父亲苏洵又与世长辞了，享年58岁。

五年多来，苏洵在汴京的生活并不得意。之前，朝廷曾授予他为秘书省秘书郎，但这只是一种敷衍，并没有将他放在眼里。苏洵与韩琦、欧阳修交好，虽然受到他们的推重，韩琦却一直不重视他的政见。

当时，还有另一位执政者富弼，认为苏洵主张对西夏与北辽用兵乃是好大喜功。因此，苏洵在政治上一直受到排挤，无法实现自己的政见。只是经过欧阳修与韩琦的安排，又因太常寺要修纂礼书，才授予他霸州县主簿这样一个微小的官职，与陈州项城令姚辟一同修礼书。于是，苏洵将自己的全部精力都放在修纂礼书上，并完成了《太常因革礼》一百卷。

一直以来，苏洵对科举制度和赵宋王室都抱有很多幻想，但科举制度和朝廷对他是冷酷无情的。只是他难能可贵地在失意无闻之时坚持韩愈所开辟的古文运动方向，后来汇合于欧阳修的旗帜之下，于古文运动及北宋文风有一定的贡献，在北宋文学史上和思想史上也有一定的地位。

晚年的苏洵，特别喜爱《易经》，对《易经》的哲学思想有着一定的研究。他还曾动手独自撰写《易传》，但最终却未能完成。在临终之前，他谆谆嘱咐苏轼、苏辙，一定要将《易传》续写成书。两兄弟含泪接受父亲的遗命。

苏洵去世的消息奏闻朝廷之后，英宗特诏赐白银一百两、绢一百匹，韩琦、欧阳修等元老重臣也都送了厚礼，但苏轼都一一婉言谢绝，只求英宗能够为父亲追赠官爵。英宗应允，诏赠苏洵光禄寺丞，并命官府派船，专程护送苏洵的灵柩回四川老家安葬。

六月，苏轼、苏辙兄弟二人由汴水入淮河，溯江而上，经江陵入蜀，扶柩还乡，依礼守制家居丁忧三年。

（二）

宋神宗赵顼熙宁元年（1068），苏轼、苏辙守丧期满，将从陆路度秦岭、经关中，第三次前往京师。

临行前，家乡的父老乡亲纷纷前来话别，并在苏轼家老屋的庭院中种下一颗荔枝树苗，大家举杯同祝苏轼兄弟二人一路平安，希望这棵荔枝树长大开花、硕果累累的时候，他们两人能够功成名就，衣锦还乡。

在乡亲们热情洋溢的祝福声中，苏轼无论如何也想不到，这将是他最后一次亲近这片生养他的故土。此时，千里之外的汴京城，一场统治阶级内部新旧两党的激烈争斗已经拉开帷幕。这场争斗此起彼伏，给苏轼带来了变幻莫测的风雨人生，令其深陷其中，无力自拔，也令他永远都没有机会再回故乡。作为一名封建社会的士大夫，一旦踏上仕途，他的生命便已不再属于自己，他的人生之路也就必然要随着朝廷的更迭演变，曲折地向前伸展。

在我国历史上，宋朝比以往的几个统一王朝更加注重中央集权。宋太祖、宋太宗两任君主，对于唐末五代的藩镇之祸亲身体验，所以建国之初便采取了一系列强有力的措施，将军权、政权和财权最大限度地集中到皇帝手中。这些措施在整个宋朝都代代相传，被称为"祖宗家法"。

这是宋朝政治制度的一个特点，对于巩固宋朝的统一，安定社会秩序，发展经济和抵御外敌，都起到了一定的积极作用。但是，这些措施同时又存在许多无法克服的内部矛盾，而且到宋朝后期表现得更加严重。

在军权集中方面，公元961年，宋太祖即皇帝位的第二年，便上演了历史上著名的"杯酒释兵权"一幕，将军队交由文臣统率；又立"更戍法"，让士兵经常乱换驻防，终年往来道途，致使"兵不识将，将不识兵"。这些措施虽然成功杜绝了武将拥兵自重、跋扈割据的局面，却也造成军队训练不良、战斗力薄弱的严重弊端。

在政权集中方面，则以"分化事权""互相牵制"为主要手段，用一套严密的办法来控制官员的权力，令他们不能不恪守本职。即以地方行政的配置而言，宋朝派遣文人担任地方长官，既设知州（州府长官），又设通判（州府副长官）。

其中，通判虽然属副职，但由朝廷选派京官担任，有权直接向皇帝奏事，可以说是朝廷安插在地方起监督作用的一双眼睛。如此一来，一切工事就由通判与知州共同处理，从而使通判知州互相牵制，避免专权擅任、尾大不掉。

然而，两套人员的设置安排，又导致官僚机构庞大臃肿，知州与通判在处理事务时也经常发生摩擦，两者形同冰炭，两不相容。

在财权集中方面，朝廷规定地方财赋绝大多数上缴政府，这便刺激了上层统治集团的穷奢极欲，挥霍享乐。到宋仁宗时，国库空虚，"唯存空簿"，使得固有的社会矛盾日趋尖锐化，出现了严重的政治经济危机。开国不到三十多年，便爆发了王小波、李顺领导的农民起义，人数多达数十万。

一向重于"安内"而疏于"攘外"的基本国策，又使宋朝成为我国历史上统一王朝中最缺乏抵御外来侵扰能力的软弱王朝。在宋朝初年，大宋王朝便处于契丹族的辽政权、党项族的西夏政权的侵扰和威胁之中。为了换得暂时的和平，宋朝每年都要向辽国、西夏输纳大量"岁币"，从而给财政造成了沉重的负担。

正是在各种社会矛盾日渐尖锐的情况下，要求缓解危机、革除弊政的社会思潮日渐高涨。庆历三年（1043），宋仁宗任用范仲淹为参知政事（副宰相），富弼、韩琦为枢密副使（全国军事机关副长官），实行改革，史称"庆历新政"。

然而，此次改革历时不久，便因保守派的强烈反对而失败，范仲淹、富弼也被罢职，韩琦被迫出赴外任。

"庆历新政"的失败，促使社会矛盾更加严重。到宋神宗继位时，国家形势已十分严峻，每年需要向西夏输纳白银七万两、绢五千匹、茶三万斤，向辽国输纳白银二十万两、绢三十万匹。可即使这样，也仍然换不回西北边陲的安宁。

（三）

治平四年（1067），神宗赵顼继皇帝位。此时的神宗皇帝，正是奋发有为的二十年华，面对国家积贫积弱的尴尬局面，深感屈辱，决心锐意求治，富国强兵。

为此，神宗开始广泛征询大臣意见，探求革新之路。一次，他召富弼入对，问及该事，富弼回答说：

"陛下即位之始，当先布德泽，愿二十年口不言兵。"

神宗对富弼的回答感到不太满意，便又向司马光请教。司马光说，人主应先修身而后治国，"修身之要三：曰仁，曰明，曰武；治国之要三：曰官人，曰信赏，曰必罚"。

事实上，这些朝廷元老大臣们都深知天下之事积重难返，希望神宗冷静沉着，更切合实际，循序渐进地打开局面。然而，稳健往往流于因循苟且，过分强调客观困难还可能落入庸碌无为。因此，在神宗看来，这些老臣都过于老成持重，早已失去了"庆历新政"时的勇气。他们的谈话也往往不着边际，丝毫不能解除当务之急。

年轻的皇帝在无比焦虑之中感到无人共商大计，就在这时，他想到了久闻大名却许久不曾谋面的王安石。

王安石，字介甫，庆历二年（1042）进士。青少年时，王安石曾随父亲宦游各地，广泛了解社会现实及民间疾苦，并从此抱定经世济时的志向。进士及第后，王安石历任州县地方长官，先后在鄞县（今浙江宁波市鄞州区）、舒州（今安徽潜山县）、常州（今江苏常州）等地，试行若干改革措施，收效显著，并逐渐形成了一套变法理论和方案。

王安石还是一位懂得审时度势的政治家，深知国家承平百年，朝廷上下因循苟且，已形成一种十分保守的政治风气，故而自己不能冒然行动，必须积累经验，获得威望，等待最佳时机，才有可能施展才华，实现自己的政治抱负。

早在仁宗在位期间，作为政绩卓著的地方官，王安石就已声名鹊起，但朝廷多次征召他进京，他都辞不应召；加上他生活简朴，知识渊博，见解非凡，故而赢得了"视富贵如浮云，不溺于财利酒色，一世之伟人也"的崇高美誉。

神宗在做太子时，就已经从各种渠道听说过王安石，并对其留下了深刻的印象，所以，当他陷入孤独苦闷的状态时，便很自然地想到了这位名士，遂召其越次入对。结果，君臣一见如故，畅谈数次，在一系列重大国策上取得了高度一致。王安石怀着一种乐观、豪迈的心情对神宗说：

"大有为之时，正在今日！"

经过一年多的酝酿和准备，熙宁二年（1069）二月，神宗起用王安石为参知政事。雷厉风行的王安石受命执政，立即组建起一个负责制定户部、度支（掌管财政收支和粮食漕运等事）、盐铁三司条例的专门机构，命名为"制置三司条例司"，作为主持变法的新型机构。历时18年的变法运动正式开始。

王安石所领导的变法派提出了"富国强兵"的口号，避免在广大农民阶级的关系方面进一步有所恶化；同时在统治阶级内部各阶层各方面的政治经济关系上也作了一些调整。

应该说，变法在某些方面限制了大地主大商人及豪绅贵族的利益。特别是均输法、青苗法等，对大商人大地主的剥削活动及投机活动都给予了一定限制；募役法也使贵族地主分担了差役上的义务。如此一来，变法便引起了这些阶级政治代表人物的反对。

而且，新法还触及了一些皇亲国戚的某些利益。这些人还有神宗的母后高太后，企图对神宗施加压力，阻止变法的施行。

（四）

随着新法的深入推行，一场剧烈的斗争也在统治阶级政治集团内部展开了。所有统治阶级政治上的代表人物，由于对变法所持的态度不同，也截然分成两派：变法派和反对派。其中，反对派以司马光为首领，得到高太后的支持，对以王安石为代表的变法派进行了猛烈的攻击。

就政治革新这一点来说，王安石变法是"庆历新政"的继续，但它又具有较大的规模和较为激进的特色。不过，在26年前曾是"庆历新政"的代表人物，以要求改革反对守旧著名的韩琦、富弼、欧阳修等人，由于政治地位的变化及政治思想观点上的差异，在此次变法过程中成为反对力量，一方面竭力攻击王安石，一方面还在他们的行政职位上公开抵抗新法，对新法的各项措置拒不执行。

随之而来的，在统治阶级政治集团内部也引起了一场剧烈而深刻的分化。以往赏识王安石并与之交善的人们，现在由于反对新法，都纷纷与王安石决裂。特别是司马光，几次通过书信的方式对王安石进行"劝告"，企图压迫王安石放弃新法，但都遭到了王安石坚决的驳斥。

同时，王安石还将政治地位较低、资历较浅，但赞成革新而又有才能的一些人物，如吕惠卿、曾布、章惇等人，都积极集合在自己周围，从而形成了变法派的核心力量。

当所有的政治人物都卷入到变法的激流之中时，苏轼、苏辙两兄弟也不例外。苏辙本来为王安石所争取，在"制置三司条例司"工作，但他反对青苗法。熙宁二年八月，苏辙被罢除简详文字的职务，出任河南府推官。

苏轼在回朝后，监管告院。在变法刚开始实施时，他并没有直接表明自己的态度。但是，苏轼与变法派在政治上的异趣，在一些具体问题上却逐渐显露出来。

在熙宁二、三年间，由于置身京师，苏轼的交游范围也迅速扩大起来，与司马光、李常、曾巩、钱藻、王巩、章惇、李清臣等人来往密切。当时由于政治形势的变化，在政治人选上也显出了频繁的更动，有些人纷纷离开汴京，出任外补。因此，苏轼经常参加饯别宴会，作诗送别。在不少诗作当中，苏轼都直接或间接地反映出自己因当时政治气氛的影响而产生的某些情绪。

在《送曾子固倅越得燕字》一诗中，苏轼为曾巩鸣不平，又同情欧阳修的"憔悴"；在送别反对派刘贡父通判海陵诗中，苏轼表示了对当前政治有口难言的态度；在送别反对派刘道原的诗中，苏轼开始露骨地攻击王安石，将他比成曹操、张汤，还将同王安石绝交的刘道原比成孔融、汲黯。他还表示，自己在变法派得势的政治环境当中，异常孤独彷徨。

在变法过程中，尽管韩琦、富弼、文彦博、欧阳修等一批元老重臣都不认同于王安石的政见，并以自己数十年治理国家的丰富经验，富有预见性地指出了新法本身所潜藏的诸多弊端，但是，神宗皇帝渴望的是恢宏大气的变法主张，而不是小打小闹的查缺补漏。他想：既然矫枉必须过正，也许每一次社会变革都不能不付出大的、惨痛的代价。既然我们再也不能像以前那样因循苟且，就应该有一番大手笔、

大写意。所以，在每一次两派间争得面红耳赤之后，神宗这举足轻重的一票总是投向变法派。

于是，这些富有社会重望的老臣纷纷称病隐退，或要求外任，以消极抵抗的方式表示他们的不满。神宗虽然感到心酸，但为了变法的成功，还是毅然决然地批准了他们的要求。司马光于熙宁三年离朝退居洛阳，15年绝口不谈国事，闭门著述，完成史学名著《资治通鉴》。

元老重臣的相继离去，更令朝中一大批对新法持有疑惑或反对意见的大小官吏舆论蜂起。他们有的基于忧国忧民的善良动机，对王安石变法的方式提出忠告；有的则干脆罗织罪名，对王安石进行恶意的谩骂与人身攻击，指责他欺上瞒下，误天下苍生。但神宗态度强硬，凡是阻碍变法者一律罢黜。

如此一来，在变法过程中，神宗皇帝与王安石的做法不仅没有吸收到来自各方面的意见，以完善自己的思想，还犯下了一个严重的战略性错误，将许多本可以团结的力量毫不留情地推到了对立的一面，致使变法的核心机构——制置三司条例司，完全陷入了孤立的状态。而且，许多急功近利、才德浅薄的小人，看到神宗全力重用变法派，也纷纷加入到变法派的行列之中，这也必然会产生许多事与愿违的结果，使新法本身潜藏的弊端过早地恶性发展，从而导致变法运动的最后失败。

第七章　宦海风波

　　人有悲欢离合，月有阴晴圆缺，此事古难全，但愿人长
久，千里共婵娟。

——（宋）苏轼

（一）

　　在变法之前，作为一名关心民生疾苦，有志于匡时济世的士大夫，苏轼的思想一直与当时的革新思潮保持一致。他希望朝廷能够奋发有为，革新弊政。嘉佑五年（1060），为应"制科"考试所写的《进策》和《进论》各25篇，以及嘉佑八年（1063）在凤翔任上时所作的《思治论》，都集中表现了他当时要求革新的政治思想。在这些文章当中，他首先提出了掩盖在太平盛世之下严重的社会危机。

　　同时，他也十分深刻地认识到了解决矛盾和民族矛盾的主次地位与相互影响的关系。他大声疾呼，要"涤荡振刷而卓然有所立"，希望"天子一日赫然奇其刚健之威"，用于改革。

　　而现在，面对紧迫的社会危机，神宗真的企图力挽狂澜于既倒，支持王安石在较为深广的范围内进行改革，暴风雨一般的变法运动却令苏轼感到不安起来。

　　应制科考时，正当仁宗执政后期，经历了"庆历新政"的失败后，朝廷内外弥漫着萎靡不振的政治空气，求变思想在苏轼的心中骚动不安起来，所以他不满现状，一再呼吁改革。可当改革真正来临时，动荡多变的政局又让他对改革的前景顾虑重重，害怕变革过度。而且，长期的书斋生活也限制了他的生活视野，虽然曾在凤翔任职三年，但对社会问题产生的本质原因仍缺乏认识，看不到王安石变法的积极、进步和合理的方面。

随着变法的展开，变法的支持派与反对派之间纷纷穰穰的局面，以及新法推行过程中出现的一些弊端，尤其是与欧阳修、韩琦、富弼等元老重臣的渊源关系，也促使苏轼无条件地站到了反对派的一边。

熙宁二年五月，王安石准备改革科举法，罢去诗赋明经诸科，以经义论策考试进士，同时计划兴办学校，逐步实现以学校代替科举。神宗对这一改革方案颇为犹豫，于是诏令馆阁学士参与讨论。苏轼立即写了一篇《以学校贡举状》，表示对这一改革措施坚决反对。

文章层层深入，论辩滔滔，神宗读后赞叹不已。神宗本来极为讲究文辞，重视史学，尤其是嘉佑二年以诗赋文章一鸣惊人的苏轼，更是给他留下了深刻的印象。苏轼从四川返回京城后，神宗一直没有召见他。现在看到苏轼的文章，便想当面听听苏轼的意见，因此立即传旨，召见苏轼。

苏轼奉命匆匆赶来觐见，行礼之后，见神宗神情安详，言语温和，他忐忑不安的心才稍稍镇定。虽然回京不过三个月，他却早已耳闻不少人因为反对新法而触犯天颜，他不知自己的那篇《议学校贡举状》会在神宗心中激起怎样的反应。现在看来，神宗并无怪罪之意，苏轼不禁松了口气。

这时，苏轼听神宗缓缓说道；

"苏爱卿，你认为当今政事有哪些失误？即使是朕个人的过错，也不妨坦诚直陈。"

神宗诚挚恳切的语气让苏轼很感动，他立刻朗声答道：

　　"臣以为，以陛下生而知之的禀性，不患不明，不患不勤，不患不断，但患求治太急，听言太广，进人太锐。愿镇以安静，待物之来，然后应之。"

　　神宗听了，不禁悚然。自从酝酿变法至今，他不知听过多少反对的意见，但苏轼的这几句话似乎格外令他震动。他暗暗自问，即位以来，内心的确有一种十分急切焦虑的情绪。他起用王安石变法，并协助变法派排除障碍，积极推行新法，这一切似乎真的有些过头了。

　　想到这里，神宗又说：

　　"爱卿这三句话，朕一定好好想想。"

　　接着，神宗又以鼓励的语气对苏轼说：

　　"凡在馆阁，皆当为朕深思治乱，无有所隐。"

　　苏轼回去之后，兴奋不已，立即将这次召见的经过说给朋友们听，他仿佛看到了扭转乾坤的希望。

　　不过，关于科举考试的改革方案，最后还是王安石的一番话坚定了神宗的信心。第二年，神宗即下令罢诗赋明经科，以经义论策取士，只是在具体操作的一些细节问题上，适当地采纳了苏轼的意见。

（二）

　　苏轼的进谏令神宗为之悚然，同时也引起了王安石的不快。王安石本来就不满苏轼对自己所持的反对态度。在王安石看来，苏轼不过是一介书生，尽管才华横溢，但缺乏从政的经验和议政的眼光。他的那些文章和言谈，统统不过是书上的空谈而已，没有一句值得采用。然而书生空论虽不能左右大局，却也产生了不小的舆论影响，令王安石十分恼火。

　　不过，对于苏轼，神宗常有"才难"之叹，想要重用他。在召见苏轼后不久，针对中书政事当事务繁杂，办事效率低的积弊，朝廷成立了"编修《中书条例》所",改革吏制,提高行政效率,神宗马上想到了苏轼。

但当神宗将这一想法告诉王安石时,王安石毫不讳言地说:

"苏轼与臣所学及议论素有歧异,不宜担当此任。陛下欲修《中书条例》,朝中大小官员都表示反对,苏轼恐怕不会违背众人的意愿而与我们同心协力负责这项工作。即使不得已来做,也会时时发表不同意见,将事情弄糟。"

神宗听了王安石的话,也只好作罢。

这年的十一月,神宗又提出任用苏轼修《起居注》,王安石又再次坚决阻止。他说:

"论资历,苏轼最多只能担任通判之职,怎么能让他来修《起居注》呢?现在,陛下不过是听了苏轼的言论而已,而这些言论又未见可用之处,恐怕不宜轻用也。"

神宗又只好再次作罢。

这年冬天,苏轼被任命为开封府推官。这一任命自然有其深意,既可以令他远离皇帝的视线,又可以用繁杂的首都地方行政事务困扰住他,让他少有余暇干预朝政。

但是,苏轼上任后,决断精敏,处世迅捷,不仅将职责范围内的事务处理得井井有条,还依然有足够的精力关注朝廷的一切。

在开封府推官任上时,苏轼曾上《谏买浙灯状》,批评内廷传命开封府市思强行减价收买大批浙灯,供上元节赏玩。这是侵夺灯民的口体必用之资。这一次的上奏,又被神宗所接受。

经过这两次试探,苏轼认为神宗信赖自己,于是集中力量,又写出了《上神宗皇帝万言书》,先后两次极论新法不便。他还公开暴露自己对新法的反对态度,对新法进行了比较激烈而全面的攻击。

苏轼看到制置三司条例司在实行新法过程中的组织领导作用,便将批判的矛头首先指向制置三司条例司,要求撤销这个机构,企图使新

法失去组织领导上的枢纽。苏轼还反对青苗法，无视青苗法限制高达百分之一百甚至百分之二百的高利贷、减轻某些农户所受经济剥削程度的事实，攻击它是一种强制性的"抑配"，与商贾征利，使农民举息。

此外，对均输法、雇役法、兴修水利等变革，苏轼也都持反对态度。在全盘否定新法之后，苏轼提出了自己的政治主张。他在其中写道：

> 其进锐者其退速。若有始有卒，自可徐徐，十年之后，何事不立。孔子曰：欲速则不达，见小利则大事不成。……夫国家之所以存亡者，在道德之深浅，而不在强与弱，历数之所以长短者，在风俗之厚薄，而不在乎富与贵。

因此，苏轼劝神宗简易清静，崇道德，厚风俗，不要急于有功而贪富强。

苏轼反对新法，也暴露了他在政治思想上的严重弱点和复杂保守的思想。事实说明，苏轼以前虽然也提出过政治革新的口号，并且提出了像《策论》这样比较系统的意见，但他的根本缺点是缺乏实践的勇气。

苏轼在王安石变法过程中的这种表现，其主要原因还在于他要求进步的政治思想中存在着较为严重的保守因素。与王安石是比较激进的改革派不同，苏轼是温和的改革派。而这种温和的改革思想，也决定了他在政治上总是倾向于要求进步，但在某种特别的、如变法的条件下，他政治思想中的落后因素又会表现出来，从而使他具有浓保守观念。

（三）

《上神宗皇帝万言书》呈递之后，几个月过去了，苏轼并没有得到他所期望的任何回应，这使苏轼有种人微言轻的愤懑。他认为，自己既然从贤良方正直言极谏科出身，就有义务"纷然诵说古今，考论是非"；同样，朝廷既然设立这一制科科目，从中选拔人才，就当"改过不吝，从善如流"，对于不同的意见予以重视，并且多加采纳。

因此，虽然朝廷对他建议不加理会，苏轼依然要尽谏诤的责任。熙宁三年二月，他又写了《再上皇帝书》。这篇文章在真诚关注国事的基础上，又加上了一些个人意气，故而言辞格外激烈。可这次上书如石沉大海一般，依然没有得到皇帝的回应。

应该说，神宗与王安石对于反对变法派意见的忽视乃至排挤，使持不同意见者失去了自由辩论、平等对话的环境，从而更进一步加剧了变法派与反变法派之间的对立。这种对立又导致了双方观点和行为的极端化倾向，这不能不说是一件令人遗憾的事。

熙宁三年三月，在贡试放榜问题上，苏轼与主考官吕惠卿的意见相左。吕惠卿对考生叶祖洽在试卷中所写的"祖宗法度，苟简因循。陛下即位，当与忠智豪杰之臣合谋而鼎新之"等言语大为赞赏，将其列为甲科，取为第一。而苏轼则认为此人的某些言论诋毁祖宗，谄媚时君，应该黜落。

当神宗亲临集英殿，策试进士，最后点叶祖洽为第一时，苏轼更是气愤不已，认为进士策论应以批评时政为务，如今阿谀奉承之辈却名列榜首，必将败坏科场风气，并进而败坏社会风俗。

为了阐述自己的观点，同时也表达自己的不满，苏轼又上了一篇《拟进士对御试策》的文章，抨击时政，言多讥讽，将当时局势比拟为"乘轻车，驭骏马，冒险夜行，而仆夫又从后鞭之"。

苏轼这样一而再、再而三地批评新法，逐渐令神宗皇帝也感到不高兴了。他将这篇《拟进士对御试策》转给王安石看，王安石说：

"苏轼确有才华，但所学不正，又因这次科考取士标准不合他的心意，所以言语冲撞，不知轻重。"

一次次徒劳的争辩，令苏轼对政治渐生倦怠。回想十年前出入仕

途，是何等奋发激昂，满以为凭借自己的热情与才智便可干一番匡时济世的大事业。而如今，身历其中，才发现年少时孜孜以求的理想渺不可寻。

神宗既已对苏轼产生不悦之感，一些惯于罗织罪名、排斥异己的小人便觉有了可乘之机。新任侍御史知杂事（负责监察弹劾百官）谢静温忽然上疏，弹劾苏轼兄弟于治平三年扶丧回乡时，利用官船贩运私盐、木材、瓷器等物，而且沿途妄冒名义，差借兵卒。

神宗接到弹劾后，下令查实，谢景温等人立刻拘捕了当年为苏轼掌船的篙工水师，严加盘问，又向苏轼回乡途径的各个州县发出查询公文。一时之间，这件事闹得沸沸扬扬，仿佛将兴大狱。

苏轼虽然早就知道，与当政者当反调很可能会给自己招来厄运，但却从未想到会有这么龌龊的事情从天而降，真是百口难辩！以捕风捉影、莫须有的卑劣手段击倒对手，实在是性情坦荡、光明磊落的君子永远无法理解、永远防不胜防的暗枪冷箭！

幸好当时朝中的元老重臣范缜、司马光等纷纷出面为苏轼辩解，同时，谢景温等人穷治数月也毫无所得，此事才不了了之。

这件事后，苏轼深感人心险恶，再也不愿留在京城这块是非之地，而且此时欧阳修已经离开朝廷，曾巩也到越州（今浙江绍兴）任通判去了，苏轼在书画上的密友——画家文同也出守陵州（今四川仁寿），"交朋翩翩去略尽"。于是，苏轼也上疏请求外任。

苏轼朋友很多，其中有个诗僧名叫佛印。这个人虽是出家人，却顿顿不避酒肉。这日，佛印煎了鱼下酒，正巧苏轼登门来访。佛印急忙把鱼藏在大磬之下，可苏轼早已闻到鱼香，进门不见，心生一计，故意说："向阳门第春常在。"佛印对老友念出人所共知的旧句深感诧异，顺口便说："谁不知下句是：积善人家庆有余。"话音刚落，苏轼便大笑着说："既然磬（庆）里有鱼（余），那就积点善，拿出一道吃吧。"

第八章　出仕杭州

枝上柳棉吹又少，天涯何处无芳草。

——（宋）苏轼

（一）

熙宁四年（1071）六月，苏轼得到通知，出任杭州通判（知州的助理）。苏辙的遭遇也完全相同，尽管苏氏兄弟的性格有所不同，但在政治上，苏辙却与苏轼一样敢于直言，绝非唯唯诺诺之辈。苏辙因批评王安石新政，已于前一年出任陈州（今河南淮阳）州学教授。

七月，苏轼携带一家大小——继室夫人王闰之、13岁的长子苏迈及去年新生的次子苏迨等，乘船离开汴京。他们先到陈州看望了苏辙，在那里住了两个多月。九月，苏辙与苏轼一家一同从陈州出发，到达颍州（今安徽阜阳），去拜见退休后卜居颍上的欧阳修。

欧阳修虽然此时刚刚年过六旬，但却已须发斑白，老眼昏花，双耳重听，步履艰难，一副衰弱无力的龙钟老态，苏轼见后，不禁一阵心酸。这位文章风节可为万世之表的老人，一生多么不容易啊！历尽了宦海的波澜翻覆，经过了无数次政敌的攻击与污蔑。但令人欣慰的是，他终于可以自在安闲地在美丽的大自然的怀抱，度过他生命的黄昏了。

61

苏轼还给欧阳修带去了一样颇为别致的礼物——一张西南少数民族彝族用蛮布所织的弓衣，并在美丽的布纹上织上梅尧臣的《春雪诗》。这时梅尧臣已经去世11年，欧阳修非常喜欢这份礼物，将其作为自己最心爱的"雷琴"的琴囊。

欧阳修热情地招待了苏轼、苏辙两兄弟，并与他们一起在颍州西湖宴游，饮酒赋诗，畅谈终日。

一天，欧阳修还给苏轼出了一道难题，要他为自己所珍藏的一座石屏风赋诗一首。咏物之作最为难工，既要师法自然，又要笔补造化。也就是说，状物写貌与传神写意相辅相成，若即若离，才可称为上乘。苏轼却是此中高手。只是，眼前这座石屏实在平凡，唯一独特之处，就是它的表面有些高低错落的纹路，很像一棵傲然挺立在绝壁之上的孤松。苏轼凝视着石屏上淡淡的松影，思忖片刻，提起笔来，奋笔疾书，写下了一首著名的诗歌——《欧阳少师令赋所蓄石屏》：

何人遗公石屏风，上有水墨希微踪。
不画长林与巨植，独画峨嵋山西雪岭上万岁不老之孤松。
崖崩涧绝可望不可到，孤烟落日相溟蒙。
含风偃蹇得真态，刻画始信天有工。
我恐毕宏韦偃死葬虢山下，骨可朽烂心难穷。
神机巧思无所发，化为烟霏沦石中。
古来画师非俗士，摹写物像略与诗人同。
愿公作诗慰不遇，无使二子含愤泣幽宫。

汩汩诗情，两三年来郁积心底的愤懑，随着长短不一、错落有致的句式，源源不断地宣泄在洁白的纸页上，形成了起伏跌宕的气势。其中，"独画"一句长达十六字，更是匪夷所思的独创，为"从古诗人所无"。欧阳修读后，禁不住击节称叹！

在颍州逗留二十多日，苏轼不得不启程赴任了。但谁也没想到，第二年欧阳修就病逝了。颍州一别，竟成为师生二人的永诀。

苏轼与弟弟苏辙也在颍州分手。人生得意之时，相别仅仅是离别的惆怅，而在经受挫折、失意时的分别，则离别中不免又增出一层酸楚、凄凉的滋味。为此，苏轼赋诗道：

> 征帆挂西风，别泪滴清颍。
> 留连知无益，惜别须臾景。
> 我生三度别，此别尤酸冷。
> ——《颍州初别子由二首》之一

与苏辙道别后，这年十月，苏轼一家从颍水入淮河，经寿州（今安徽凤台）、濠州（今安徽凤阳）、泗州（今江苏盱眙）至楚州（今江苏淮安），再沿着运河下扬州，抵达润州（今江苏镇江），最后于十一月到达杭州。

这一路上，苏轼写了不少诗歌，或歌咏景物，或抒发情怀。在淮水上，苏轼作《出颍口初见淮山是日至寿州》一诗。诗曰：

> 我行日夜向江海，枫叶芦花秋兴长。
> 长淮忽迷天远近，青山久与船低昂。
> 寿州已见白石塔，短棹未转黄茅冈。
> 波平风软望不到，故人久立烟苍茫。

诗人通过穿行水上所见到的平常秋景，曲折地表达了内心复杂微妙的情感。首句字面上仅仅是点明南京远行，但字里行间却寓有远离京城、漂泊江湖的失意之感。次句点明时令，通过萧瑟而又明朗的秋景，映衬着诗人的秋兴，暗示着他以旷达乐观的秉性驱散心头的忧郁。二联，则展示出舟行的情景，生动如花，且富有动感，融情入景也无迹可睹。结尾则以幻想之笔，延伸出一片苍茫之境，堪称言尽而意不尽的范例。

这首诗写得蕴藉淡远，苍茫一片。苏轼晚年时还曾特意用草书将该诗重新抄写一遍，并在诗后题词：

予年三十六，赴杭倅，过寿作此诗。今五十九，南迁至虔（今江西赣州），烟雨凄然，颇有当年气象也。

（二）

通判是北宋时期新增设的一层官职，属于从行政上加强中央集权制的措施之一。通判也由中央直接任命，并带有中央官衔，与知州、知府共同处理政务。知州、知府在政治上的举措，也必须经过通判裁可连署，方可实施。对于地方官吏，通判还可以随时刺举，报告中央。因此，通判还起着控制和监视地方官员的作用。

杭州是当时在经济、交通、商业、文化及国际贸易上都具有重要意义的城市。苏轼担任杭州通判，说明他虽然反对变法，但神宗对他依然还有一定的倚重。

当时，新法在全国范围内积极推行，浙西不但推行青苗法、免役法、市易法，还兼行水利法和盐法。从政见上来说，苏轼是新法的反对者，但作为一名政府官员，在自己的具体岗位上，还是认真执行新法的。

而且，他还在新法规定的范围之内，将新法加以灵活运用，因法以利民，免去了新法在执行过程中所产生的一些弊害。

在通判的任上，苏轼还经常奉命出差，处理一些具体的事务。正因为如此，他也有机会深入下层，了解广大农民的实际生活情况。

苏轼曾到过汤村督役。此次开运盐河，急如星火，妨碍了农时。不仅如此，官吏们还不顾农民的健康与休息，强迫他们在恶劣的环境中进行劳动。在漫天大雨中，天刚蒙蒙亮，鼓声便响起了，农民们只好冒雨照常出工。在大雨中劳动，人就像鸭群和猪儿一样，紧张忙碌，投泥相溅；在荒堤上开河，行道极窄，苏轼自己也与牛羊争路。在这种情况之下，苏轼感到做一个"官员"的罪过。

在盐官县监役时已是冬天，苏轼却看到这里的劳动者过着"夜霜穿屋衣生棱，野庐半与牛羊共；晓鼓却随鸦鹊兴，夜来履破裘穿缝"的生活，一千多人在荒野之中，忍饥耐寒。

熙宁六、七年间，杭州各处发生旱灾，飞蝗满天，苏轼曾出差检查捕蝗工作。熙宁七年，苏轼出差从镇江返回杭州，途径无锡，只见旱灾严重。苏轼作诗描述曰：

> 洞庭五月欲飞沙，鼍鸣窟中如打衙。
> 天工不见老翁泣，唤取阿香推雷车。
>
> ——《无锡道中赋水车》

苏轼还看到天灾与人祸交织在一起，令广大百姓遭受更深的痛苦。这人祸，就是新法在执行过程中所产生的缺点和弊病。新法施行之后，将农业税由实物税改为货币税，曾一度造成"百姓有米，官不要米；百姓无钱，而官必要钱"的现象。

在这种情况之下，农民为了获得现钱交纳农业税，只好卖牛拆屋。这样一来，即使丰年，农民也是苦不堪言。

苏轼下面的这首诗，就道出了农民痛苦的深度：

> 今年粳稻熟苦迟，庶见霜风来几时。
> 风霜来时雨如泻，杷头出菌镰生衣。

眼枯泪尽雨不尽，忍见黄穗卧青泥！

茅苫一月垅上宿，天晴获稻随车归。

汗流肩赪载入市，价贱乞与如糠粞。

卖牛纳税拆屋炊，虑浅不及明年饥。

官今要钱不要米，西北万里招羌儿。

龚黄满朝人更苦，不如却作河伯妇！

——《吴中田妇叹》

青苗法和盐法在实行过程中也有一定的弊害，有些小商贩进行私贩活动，由于国家严禁，往往堕入法网。苏轼曾统计过，两浙地方，一年中就有1.7万余人，因犯盐法而入狱。

苏轼看到这些情况，一方面同情百姓，一方面对新法更加不满。他这样指出：

老翁七十自腰镰，惭愧春山笋蕨甜。

岂是闻韶解忘味，迩来三月食无盐。

杖藜裹饭去匆匆，过眼青钱转手空。

赢得儿童语音好，一年强半在城中。

——《山村》

杭州通判的政治生涯，再一次让苏轼感受到了到凤翔初从政时的苦闷与矛盾，"生平所惭今不耻，坐对疲氓更鞭箠"。他看到百姓为生计所迫，也感到自己为生活、薄禄而不能归休。

从阶级立场来说，苏轼与人民的处境是根本不同的。但为生活而出仕，供朝廷驱使，苏轼的确也有他苦闷的一面。自从妻子王弗去世后，他在33岁时续娶了王闰之，即王弗的堂妹。现在，苏轼全家除妻子王闰之外，还有长子苏迈、次子苏迨，随后又添幼子苏过，还有乳母任彩莲，保姆杨金蝉，侍妾王朝云，此外还有几个仆人，一个歌婢。这十几个人都要靠苏轼一个人的俸禄生活。虽然生活还算安定，但有时也难免感到经济拮据。

从政，不足以实现自己的理想；不从政，又难免不受生活的威胁。中小地主比较清寒的处境，让苏轼体会到了自己免不了"为食谋"的命运。由于这些，他写下了以下这首诗歌：

> 除日当早归，官事乃见留。
> 执笔对之泣，哀此系中囚。
> 小人营糇粮，堕网不知羞。
> 我亦恋薄禄，因循失归休。
> 不须论贤愚，均是为食谋。
> 谁能暂纵遣，闵默愧前修！

> ——《除夜直都厅，囚系皆满。
> 日暮不得返舍，因题一诗于壁》

（三）

在杭州任职的两年期间，虽然政事上颇为郁闷，但也有让苏轼感到欣喜的地方。杭州山水极佳，就是来自山清水秀的蜀中的苏轼，也不免发出"故乡无此好湖山"的感慨。

杭州秀丽的湖光山色也为诗人的创作提供了丰富的素材，而苏轼又极尽才致，纵意挥洒，创作了许多流传久广的诗篇。这些诗歌作品或雄奇俊发，或清新雅致，或婉转妩媚，或不同风格相济兼容。总之，诗人用各种不同的风格，从多个角度成功地展示出杭州一带的旖旎风光。

比如，《六月二十七日望湖楼醉书五绝》的其一：

　　黑云翻墨未遮山，白雨跳珠乱入船。
　　卷地风来忽吹散，望湖楼下水如天。

　　湖上夏季的暴雨在诗人的笔下呈现出一幅变幻莫测的景象。暴雨之中的西湖，既有其爽快的一面，那么，苍茫细雨中的西湖更有其妩媚动人的一面。《饮湖上初晴后雨二首》的其二就写道：

　　水光潋滟晴方好，山色空濛雨亦奇。
　　欲把西湖比西子，淡妆浓抹总相宜。

　　此诗一出，遂成为西湖定评，西湖也因此得到了一个"西子湖"的美誉。
　　苏轼爱赏月，故而经常在月白风清的良夜出游，游览金山，游览赤壁，皆在夜里，于西湖也不能不看西湖之夜。《夜泛西湖五绝》其四写道；

　　菰蒲无边水茫茫，荷花夜开风露香。
　　渐见明灯出院寺，更待月黑看湖光。

　　但是，最能令苏轼驰骋健笔的，还是西湖或钱塘江上壮观的景象。如他所在《有美堂暴雨》一诗中写道：

　　游人脚底一声雷，满座顽云拨不开。
　　天外黑风吹海立，浙东飞雨过江来。
　　十分潋滟金樽凸，千杖敲铿羯鼓催。
　　唤起谪仙泉洒面，倒倾鲛室泻琼瑰。

分吹海立，飞雨过江，不仅极尽形容，笔力俊发爽健，而且将大雨想象成天帝用来唤醒醉中的谪仙人李白而泼洒的泉水，好让李白继续倾泻出他那瑰丽多彩的诗篇，想象奇特，色彩斑斓。

他也写过钱塘江上的大潮，《望海楼晚景五绝》的其一曰：

> 海上涛头一线来，楼前指顾雪成堆。
> 从今潮上君须上，更看银山二十回。

其二曰：

> 横风吹雨入楼斜，壮观应须好句夸。
> 雨过潮平江海碧，电光时掣紫金蛇。

杭州一带的寺院很多，"三百六十寺，幽寻遂穷年"。苏轼经常寻幽访僧，与僧人酬唱清谈，甚为相契。灵隐寺、吉祥寺等，都是他经常去的地方。

北宋时期的士人尚狎颇有唐人遗风，苏轼风流倜傥，也善与歌妓交往。当时，钱塘歌女王朝云年仅十二，能歌善舞，善解人意，苏轼颇为中意，收为侍女，后纳为妾。

后来，苏轼几次贬官，他在《朝云诗并引》中说：

"予家有数妾，四五年相续辞去，独朝云者，随予南迁。"

然而在惠州时，年仅34岁的朝云不幸病逝，苏轼极为悲痛，写下一首《西江月》悼念这位红颜知己。词曰：

> 玉骨那愁瘴雾，冰姿自有仙风。
> 海仙时遣探芳丛，倒挂绿毛幺凤。
> 素面常嫌粉涴，洗妆不褪唇红。
> 高情已逐晓云空，不与梨花同梦。

在杭州期间，苏轼在诗歌上的特殊才能与个人艺术风格也日渐明显成熟。通过比较宽阔的题材，苏轼在诗歌创作上也表现出了多样性的才能。他善于写政治讽刺诗，也善于写幽默诗；除了善于写抒情诗，也善于写议论诗。他往往将诗歌当成是议论的武器，发挥长篇大论，表达自己的各种见解，将杜甫、韩愈在这方面所开的风气作了很大的发扬。

从表现手法上看，苏轼的诗歌除了善于创造形象鲜明的比喻，使用富有个性特征的语言，还能通过深刻细致的观察，捕捉到大自然的美，并将大自然人格化，为其赋予丰富的思想感情。

此外，苏轼还善于制造气氛，善于将大自然中突如其来的一刹那的美好写入诗中，这些都构成了苏轼与其他诗人有所区别的地方。

应该说，杭州时期是苏轼诗歌创作大发展的时期，它标志着苏轼的诗歌在思想上及艺术风格上的成熟。值得注意的是，这一时期苏轼在杜甫现实主义的基础之上，又吸收了李白的浪漫，将以豪放飘逸为主要特征的浪漫主义手法加以创造性地运用，从而为自己的诗歌增添了新的色彩，让自己的诗歌获得了新的发展，突出地显示出我国古典诗歌中现实主义与浪漫主义相结合的优良传统。

在杭州期间，苏轼也开始写下一定数量的词。这些词主要反映苏轼当时比较错综复杂的思想情绪，如政治生活的苦闷，浓郁的怀乡之情，以及赞美浙江的大自然等。与诗歌相比，这些词的题材比较狭小，有的思想感情也不很健康，但与五代以来传统的词比起来，在内容上却已增添了某些新的东西，在语言和风格上也有了某些变化；从技巧手法上来看，也已渐趋成熟。但是，这些词与其后苏轼在密州时期所写的词相比，这还仅仅是一开始。

第九章　密州太守

大江东去，浪淘尽，千古风流人物。

——（宋）苏轼

（一）

熙宁七年（1074），苏轼任杭州通判期满。当时，苏辙正在山东济州（今山东济南市）任职，为了能与弟弟距离近一些，苏轼便请求调任山东。

他的请求很快就得到了允许，这年五月，朝廷派苏轼到密州（今山东诸城县）担任太守，职位也有所提升。

不久，苏轼一家便告别温暖的杭州，逶迤前行。到达山东境内时，已至深秋，加上密州地处偏僻荒凉之地，与江南相比，自然是天壤之别。寒风呼啸，景物萧条，苏轼的心情也不禁有些沉郁、落寞。他回想起当年与弟弟苏辙一同到京城，一举成名，正是年轻有为、风华正茂之际，自恃"笔头千字，胸有万卷"，何等壮志凌云！

而如今，仕途奔波近二十年，满面尘埃，一身疲惫，却依然一事无成。"崎岖世路尝应遍，寂寞山栖老渐便"，难道晋升就如此庸碌无为、悄无声息吗？苏轼感觉自己的人生之路越走越窄，年少时一度在他年前闪现的锦绣前程，如今已若天边的云霞，可望而不可及了。

不过，一进密州境内，苏轼的注意力便立即集中的政务之上。刚进入密州，一个奇怪的现象就引起了他的注意：虽然早已是农闲时节，但在田间道左，男女老少依然三五成群，奔忙不已。

原来，这些农民正在用蒿草藤蔓将满地的蝗虫、虫卵包裹起来，挖地深埋，以绝后患。这中情景沿途两百余里，处处可见。

苏轼敏锐地意识到，今年密州的飞蝗来势一定极为凶猛，倘若不尽快采取措施，就不知道会有多少穷苦民众又要无以为生，流离失所了。想到这里，他骤然感到肩上担子的沉重，个人的愁苦也暂且搁置在一边。

十一月三日，苏轼一家抵达密州任所。刚一下车，他便开始着手调查蝗灾受害情况。他还注意到一个令人惊讶的数字：迄今为止，农民捕杀的蝗灾总数，报官的已达三万斛之多。可是，当地的官吏却漠然置之，认为蝗虫虽多，却还未构成大的灾害。更有一些媚上邀宠之徒，争着眼睛说瞎话，称"蝗虫飞来，能为民除草"。这种情景让苏轼异常气愤，当即反驳道：

"蝗虫若真能为民除草，农民应该祈祷祝福，盼它们越多越好，何以忍心捕杀它们？"

苏轼又亲自来到田间地头，走进村落农舍，进行实地调查，调查的结果更令他的心头万分沉痛。连年旱蝗相续，早已饥民遍野，大多数人都只能依靠草根树皮艰难度日。

而且，今年的秋旱又比往年更加严重，从夏到秋滴雨未下，冬麦几乎无法下种，直到十月十三日，才好不容易盼来一场雨雪，可那时已是天寒地冻，难以播种，即使勉强种下，麦苗也无法生长。同往年相比，十分之中也只种得二三分。由此可以推知，明年春夏之际，饥荒将更加严重。

由夏至冬的长时间大旱，尤其适宜于蝗虫的孳生，满地幼虫，多如尘埃。倘若坐视不管，一旦春回气暖，这些幼虫就会酿成无法收拾的蝗灾。所以，苏轼就任后，立即主张尽可能地防患于未然，在春暖之前，广泛发动民众，以火烧土埋的方法，群起捕杀幼虫，争取最大限度地减轻来年即将发生的灾情。同时，他还专门拨出粮米，用于奖励积极捕蝗的民众。

苏轼自己也身先士卒。一直以来，驱除蝗虫都是地方官的职责，因为这是有关农业生产的根本大事，丝毫不能马虎。所以，苏轼每天从早到晚都在田间地头，巡视督查，亲身体验灭蝗的艰辛。

在捕蝗的过程中，苏轼还经常与当地的农民交谈，向他们请教有关农业生产的知识。农民告诉他说，从来"蝗旱相资"，如果天降甘露，旱情解除，蝗虫就会大批死亡。而且，只要过了桑蚕初眠的季节，蝗虫也不会再生长。

农民们还说，在境内的常山祈雨最为灵验，往往是有求必应。所以，第二年的春四月，在蝗旱最为严重的时候，苏轼沐浴焚香，素食斋戒，前往常山虔诚礼拜。在祈雨祝文当中，他劝说山神解救百姓苦难，并认为"疹民废职，其咎唯均"。百姓不能安居乐业，山神与地方官同样负有不可推卸的责任，因而同样难辞其咎。

也许是苏轼的诚心打动了山神，这一次求雨还真的成功了！

> 山中归时风色变，中路已觉商羊舞。
> 夜窗骚骚闹松竹，朝畦泫泫流膏乳。
>
> ——《次韵章传道喜雨》

这样一来，苏轼也对未来信心满怀。在回来的路上，他还与同僚们在铁沟附近举行了一次习射打猎。39岁的苏轼牵着猎狗，驾着雄鹰，弯弓射箭，参加打猎活动。这个活动也激发了苏轼的豪情壮志。他用粗放的笔调，写下了气壮山河、光耀千古的爱国主义词篇《江城子·密州出猎》：

73

老夫聊发少年狂，左牵黄，右擎苍。
锦帽貂裘，千骑卷平岗。
为报倾城随太守，亲射虎，看孙郎。

酒酣胸胆尚开张，鬓微霜，又何妨！
持节云中，何日遣冯唐？
会挽雕弓如满月，西北望，射天狼！

这首词的上阕写打猎时千骑飞驰的威武气势，百姓围观的热烈场面，作者青春焕发的英勇姿态；下阕抒发了作者的雄心壮志，表达了作者渴望捍卫国家、立功边疆的报国热情。

这首风格粗犷豪迈的词，也确立了苏轼作为豪放派词人的地位。同时，这首词的爱国主义主题思想，也为南宋的抗战爱国词开创了先河。

（二）

尽管从到任之日起，苏轼就带领密州百姓与大自然奋力拼搏，但由于当时生产技术水平的限制，在巨大的天灾面前，人力的抗击依然显得微不足道。那几年，与密州相邻的数千里地区全部陷入严重的饥荒之中，穷苦百姓甚至连逃荒都无处可走。饿殍遍野，被遗弃的孩子随处可见。苏轼常常怀着沉痛的心情"洒泪循城拾弃孩"，又几经周折，设法拨出一些粮米，单独储存，专门用于抚养这些可怜的弃儿。

同时，他还在各处张贴告示，明文规定：愿意领养孩子的家庭，每月由官府补助六斗米，以此来鼓励和劝谕人们怜惜这些幼小可怜的生命，让这些孩子重新得到家庭的温暖。

就这样，苏轼怀着伟大的人道精神，救活了数千名在死亡线上挣扎

的孩童。

在缺衣少食的困苦之中，孱弱者抛儿弃女，辗转死于沟壑；强悍者却铤而走险，恃强行动。盗贼蜂起，令身为知州的苏轼极为头痛，维护地方治安也成为他刻不容缓的职责。

在到任之后，他立即制定了周密的缉盗方案，"磨刀入谷追穷寇"；另一方面，他深知民穷必反的道理，试图从根本入手，解决这一社会问题。

苏轼认为，饥荒岁月对于广大穷苦百姓来说，"冒死而为盗"固然可能一死，"畏法而不为盗"也难逃饥饿死亡。因此，不少人"相率为盗"也在情理之中。在这种情况下，"增开告赏之门，申严缉捕之法"，终究是治标不治本。只有宽政利民，给百姓一条生路，才能保障社会的长治久安。

然而，作为一名普通的地方官员，苏轼手中的权力太有限了，要做到这一点何其艰难！因此，他决定上书朝廷，陈明利害。

不久，苏轼就拟好了一篇《上韩丞相论灾伤手实书》，紧接着又上《论河北京东盗贼状》，如实地反映了密州旱蝗的严重情况，请求朝廷豁免秋税，或暂停回收青苗钱，以资救济。否则，"则饥羸之民，索之于沟壑"。而且，"寇勷为患，甚于今日"，"虽日杀百人，势必不止"，由此将会导致社会动乱。上书言辞恳切，忧国忧民之心处处可见。

在这些言事书当中，苏轼还花费大量的篇幅评说新法。此时，他对新法的态度已经发生了某些微妙的变化。一方面，他仍然坚持固有的反对立场，对正在实行的方田均税法、手实法乃至即将在密州推广的官盐专卖法等，逐条予以驳斥，提出强烈反对；另一方面，对于某些新法，如免役法等，他已不再全盘否定，而是试探性地提出一些改良意见，与执政者商榷。

当时，朝廷迫于反对变法派的巨大压力，在人事方面已经略作调整。神宗已于熙宁七年（1074四月）以罢相王安石来平息众怒，但仍然坚持变法的大方向，任命韩绛为宰相，王安石最倚重的变法派人士吕惠卿为参知政事。

与王安石相比，韩绛才具平平，吕惠卿则是个有着强烈个人野心的人。他上任之后，专横跋扈，一意孤行，不仅不能与韩绛密切配合，反而公开打击异己，提拔亲信，颇有些小人得志的猖狂。苏轼极力反对的手实法，就是吕惠卿采取他弟弟吕和卿的建议制订的。

手实法规定，老百姓必须自报财产，以定户等高低，官府据此分摊各户应交纳的役钱。为防止有人少报，更是明确宣布，奖励知情人告发。

对于这种悬赏告密者的行为，苏轼极为反感，认为必将导致社会风气的败坏。很显然，在这种情况之下，苏轼给朝廷的上书也不会有多大的作用。

但不论朝廷的态度如何，在具体工作当中，苏轼已经可以大胆地依据自己的原则来处置州中事务了。对于新法中他认为对百姓有害无益的，便拒不执行；认为尚可接受的，便参量短长，"因法以便民"。

面对穿梭往来检查督促的新法使者，苏轼往往都能坚持自己的观点，甚至数次拍案而起，当面与使者争执。吕惠卿力行手实法，由他直属的司农寺下达命令，地方官若不按时实行该法，将一违制论罪。

苏轼得知后，大为愤怒，凛然说道：

"违制之罪，如果出自朝廷，谁敢不从？而现在竟由司农寺发出这样制裁百官的命令，难道不是擅自立法吗？"

新法使者听后，也觉得理亏，只好喏喏地说：

"公请从缓。"

事实证明，手实法最后弄得民不聊生，有百害而无一利，不久就被取消了。

由于天灾人祸交织在一起，被统治阶级与统治阶级之间的矛盾日趋白热化，阶级斗争也日渐紧张起来。某些地区的农民已经无法生活下去，饥馑流离，饿殍载道，只有最后一条道路，那就是进行公开反抗。在密州，农民们也通过武装斗争的形式，进行了日甚一日的反抗，严重动摇着封建统治秩序。

（三）

密州也被称为东武、东州，又是个"寂寞山城"。在政治、生活的苦闷之外，苏轼也经常有种孤寂之感，往往陷于强烈而繁琐的回忆之中。当初来密州任职，本来是想与弟弟苏辙离得近一点，可尽管密州与济州相距不过几百里，兄弟俩却各自忙于公务，依然不能相见。

熙宁九年（1076）中秋节，苏轼欢饮达旦，喝得酩酊大醉，更加想念起自己的弟弟来。当时，他思想上的自我斗争已达白热化程度，自己认为从政是苦闷的，深刻地体味到了韩愈所说的"闲居食不足，从宦力难任。两事皆害性，一生长苦心"的滋味。

在这种挣扎的情绪中，苏轼急于要对人生再作一次抉择：是在目前的道路行继续前行，还是后退，或者逃避。经过剧烈的思想斗争，苏轼终于战胜了逃避现实的消极态度，对人生与现实再一次充满乐观。

于是，对着象征人生美满幸福的中秋明月，苏轼对弟弟苏辙发出了最美好的祝愿，献给他一首传唱千古的《水调歌头》：

> 明月几时有？把酒问青天。
> 不知天上宫阙，今夕是何年？
> 我欲乘风归去，又恐琼楼玉宇，高处不胜寒。
> 起舞弄清影，何似在人间。
>
> 转朱阁，低绮户，照无眠。

不应有恨，何事长向别时圆？

人有悲欢离合，月有阴晴圆缺，此事古难全。

但愿人长久，千里共婵娟！

这首词的上阕写了作者把酒问天并产生奇思遐想：自己要乘风飞翔，脱离人间，去到天堂，但又怕天宫清寂苦冷，让人忍受不了，还是人间更温暖可爱，对人生的热爱终于战胜逃避现实的消极悲观思想。

下阕写了作者仰望明月而产生的离愁情绪，先是埋怨月圆而人不该不团圆，接着从月亮的盈虚变化中得到启示，认为人生不能十全十美，并以良好的祝愿驱散了悲伤的离绪。

这首词句句不离明月，而写明月则是为了寄托情怀。词中也反映出作者世界观的矛盾性，但主要的一面仍然是积极乐观的。

这首词也可以说是苏轼在密州时期所经历的思想的苦闷与超越的诗意总结，与这一时期的许多其他作品一样，充满了浓厚的庄子齐物论的色彩。其主题与思想发端于对现实人生困惑的深刻思考，从而归于一种更抽象、更高远的形而上学的哲学思辨。在隽永哲理的观照之下，作者内心的激浪怒涛俱收眼底，空灵迷惘，但境界却开阔明朗，具有动人的艺术魅力。

在密州期间，苏轼在词的创作方面表现出了崭新的思想内容，将当代最突出的问题，即爱国主义与民族觉醒意识、民族斗志、民族自豪感等，作为时代的歌声来歌唱。就诗歌来说，这曾是杜甫、李白等人所歌唱过的，但过去所有的词人却都未曾触及过它。

苏轼在为词容纳了新题材、新思想的同时，也给词带来了新的表现手法。他有意识地突破词法或音律方面的束缚，使新的内容不受旧形式的约束，而能更加自由地创造发挥。与"以议论为诗"一样，苏轼也"以议论为词"，将词变成了思想斗争的武器。

新的题材，新的思想，新的表现手法，必然能给词带来新的风格。

因此，苏轼的词一反以往婉约派的脉脉柔情，出现了热情、健朗而豪迈的音调。伴随着对美好人生的热烈追求的，是超逸空灵，旷达豪放；伴随着爱国主义与民族情感的，是伊郁豪宕，慷慨激昂；伴随着对政治与生活理想的议论的，是畅快淋漓，纵横奔放。随着词中各种英雄豪杰形象的出现，苏轼也为词带来了英雄豪杰式的浪漫奔放、雄伟苍劲的风格。

在词的领域中，苏轼实现了一场巨大的革新。从此，我国词坛截然分为两大流派：婉约派与豪放派。对于苏轼个人来说，虽然他在文学艺术方面具有多方面的成就，也具有多方面的创造性贡献，但在词的方面却是尤为突出。只有苏词，最能鲜明地体现苏轼在文学上的创造革新精神与独特的艺术风格，也最能牢固地确立他在中国文学发展史上不可动摇的重要地位。

在杭州任职期间，是苏轼的诗成熟的时期，而在密州期间，则是苏轼的词成熟的时期。苏词接着苏诗之后而出现，并非偶然现象，而是苏轼主观上革新精神不断高涨的具体表现。所以说，苏词是时代精神与苏轼主观创造精神有机结合的产物。

从社会意义上来说，苏轼所进行的这场词的革新运动，乃是当时政治、经济上革新运动的直接反映，同时也是欧阳修的古文革新运动、诗歌革新运动的发展与深入。

苏轼入狱后，神宗皇帝为了试探他有没有仇恨天子之意，特派一个小太监装成犯人入狱与他同睡。白天吃饭时，小太监就用言语挑逗他，苏轼牢饭吃得津津有味，答说："任凭天公雷闪，我心岿然不动！"夜里，他倒头便睡，小太监又撩拨道："苏学士睡这等床，岂不可叹？！"苏轼不理不会，用鼾声回答。小太监在第二天一大早推醒他，说道："恭喜大人，你被赦免了。"要知道，那一夜只要苏轼有一点牢骚和吃不香睡不稳的异样举动，都会危在旦夕。

第十章　革新词风

会挽雕弓如满月，西北望，射天狼。

——（宋）苏轼

（一）

熙宁十年（1077）正月，朝廷命苏轼改任徐州太守。四月间，苏轼携带家眷来到徐州。

当时，朝廷的人事也发生了一些变动。王安石虽然于熙宁八年二月复相，但吕惠卿却采取各种手段对其进行排挤倾轧。这种现象说明，变法派中有些人因政治地位的提升，成为大地主新贵族之后，对变法的态度也发生了背离，于是变法派内部也出现矛盾，核心力量开始分裂，神宗也开始不再完全依靠王安石来实施变法了。

熙宁九年十月，王安石以年老多病为由请辞罢相，判江宁府。神宗遂以吴充、王珪为宰相。

吴充是王安石的亲家，但却不完全同意王安石的新法。因此吴充执政后，曾向神宗请求召还司马光、吕公著等人。而司马光写信给吴充，要求一定取消青苗法、免役法、保甲法、市易法等，以及对外战争。鉴于司马光的这种立场，吴充也难以与其合作。这样，司马光只好仍居洛阳。

　　早在王安石罢相之前，变法派的主要分子如吕惠卿、章惇等，都以各种原因离开了朝廷，而反对一派分子也没有立即上台。朝廷的大权，直接受到神宗掌握。

　　经过几年的变法，神宗虽然看到它在挽救政治、经济危机，加强封建国家力量方面收到一定的效果，但也看到了变法于王室内部团结方面并不完全有利。尤其他的统治地位，还必须受到政治、经济上实力最为雄厚的大地主大贵族官僚集团的支持与合作，因此，他也必须在某些方面与他们达成和解。

　　于是，在神宗的亲自指导下，变法派的复杂性、两面性也开始突出起来，政治改革出现了一定的滞缓现象。

　　在徐州任职期间，苏轼与中央统治集团的内部矛盾开始有所缓和，表示出了向朝廷和神宗本人靠拢的迹象。鉴于徐州在军事、政治上的重要性，苏轼还提出了一系列的治理建议，要加强政治、军事统治力量，以保护国家的这个最大的冶铁中心，并开放铁禁，使铁北行，使冶铁从业者不致失业。

　　同时，苏轼还提出稍稍放宽中央集权制，适当扩大地方守臣的权力，使其能有一定的自主权。他还提出一个不失为具有人道主义精神的建议：医疗病因。当时，因犯因病致死的现象十分严重。

　　苏轼在徐州也像在密州一样，遭受了一次严重自然灾害的考验。但这次不是旱灾，而是特大洪水。

　　熙宁十年（1077）秋，苏轼刚到徐州不久，黄河便澶渊决口，汹涌不可阻遏。山东、湖北一带，大受其害。

　　黄河之水来到徐州后，由于三面有山，便立即汇合于城下，水高近三丈。如果雨水稍大，便立即会淹没全城。

　　在这危急的时刻，苏轼立即采取一系列坚决而主动的措施，领导全城百姓，与洪水展开了一场严酷的搏战。

　　苏轼首先严厉制止有钱的财主出城避灾、动摇人心的行为，同时动员武卫营全体官兵，为保卫徐州全城尽力。武卫营官兵立刻响应，连

夜冒雨加筑东南长堤。苏轼自己也换上布衣草鞋，亲自参加筑堤。

大雨日夜不止，河势迅猛上涨，只有几寸之差，全城就会被淹没，形势十分危急。苏轼后来有诗描写当时的景况：

> 黄河西来初不觉，但讶清泗流奔浑。
> 夜闻沙岸鸣瓮盎，晓看雪浪浮鹏鲲。
>
> ——《答吕梁仲屯田》

苏轼自己住在城上，日夜巡守，过家而不入。他命令所有吏属，分担一定的城墙，坚决守护。

经过全城百姓、官兵与官员两个多月紧张而艰苦的战斗，到十月十三日，随着澶州大风终日，黄河已有一条支流恢复古道，其它各地水势也渐渐告退，徐州终于脱险。

由于苏轼在这次洪水来临时领导有方，保全了徐州全城的生命财产，神宗特对其进行了嘉奖。但苏轼并不满足，他给朝廷上表，要求朝廷拨款，修筑长久性的石墙，以防洪水再来。然而久等不得答复，他只好修改奏章，要求不建石墙，改建拦洪木坝，减少拨款。

第二年，即元丰元年（1078），朝廷终于准奏，为徐州拨款两万四千贯，准许动用地方财政六千贯，用工七千余人，修筑大堤。神宗还专门下诏，表彰苏轼的功劳。

苏轼利用这笔款项，在徐州城东南修筑了一道木坝，加固了原有的提防，并利用项羽霸王厅旧址的建筑材料，建了一座十丈高的楼台。八月中旬，楼台正式落成，取名"黄楼"，作为徐州百姓战胜洪水的纪念物。周易认为，黄色代表土，土可以堵水，因此"黄楼"就是群众抗洪力量的象征，当然也是苏轼在徐州取得良好政绩的一个标志。

然而经过此次洪水的洗劫，徐州周围满目疮痍，岁入不登，百姓的生产生活都受到了很大的影响。

（二）

到了第二年，即元丰元年（1078）春，天气又逢大旱，"冬无雪而春不雨，烟尘蓬勃，草木焦然"，百姓生活几乎陷入绝境。

苏轼没有再被天灾吓倒，他以抗击洪水的同样勇气，继续领导百姓生产自救。同时，他还遵从徐州父老的劝告，前往城东20里（折合10千米）外的石潭求雨，并作《起伏龙行》。

不久，天气竟然接连得雨，旱情解除，百姓欢天喜地，农业生产呈现出勃勃生机。

一个初夏的早晨，雨过天晴，苏轼照例去谢雨，沿途已是一派丰收景象。清澈的河水映照着朝阳，鱼儿在波光中自在地游荡，家道的树木青葱茂密，鸟儿在枝叶间欢快地跳跃。

苏轼的仪仗走村过户，队伍渐渐壮大，老老少少全都喜气洋洋，追随知州一同前往石潭谢雨。谢雨仪式结束后，人们又跟随苏轼一起到各村庄巡视，七嘴八舌，争着向周围的邻居讲述知州谢雨的热闹情景。

> 旋抹红妆看使君，三三五五棘篱门。
> 相排踏破茜罗裙。
>
> 老幼扶携收麦社，乌鸢翔舞赛神村。
> 道逢醉叟卧黄昏。
>
> ——《浣溪沙·旋抹红妆看使君》

苏轼从山谷回到村庄，村里的人们异常兴奋，人人争先恐后，都想一睹知州的风采。尤其是姑娘们，临出门前还忘不了匆匆涂上点胭脂红粉，着意打扮一番，然后三五成群地挤在篱笆门前。知州走过时，大家都互相拥挤争看，将只有节日才穿的红绸裙都踩破了。

苏轼继续前行，来到另一个村庄，那里正在举行迎神赛会，祈祷小麦丰收。乌鸢在空中盘旋，人们沉浸在狂欢的氛围中，不时还能看到贪杯的老人醉倒在路旁。

这首词气氛热烈，场景生动，淋漓尽致地展现了苏轼与百姓之间融洽美好的感情。这是一位热爱百姓、关心百姓的好知州，所以百姓爱戴他、景仰他。当他来到百姓中间，男女老少都奔走相告，众星捧月一般环绕着他。

在热烈的拥戴中，苏轼并没有忘乎所以。每到一个村庄，他都十分关切地询问农民的生产和生活：

> 麻叶层层苘叶光，谁家煮茧一村香？
> 隔篱娇语络丝娘。
>
> 垂白杖藜抬醉眼，捋青捣麨软饥肠。
> 问言豆叶几时黄？
>
> ——《浣溪沙》

苘麻茂密的叶片在阳光下闪动着晶莹的光芒，正是桑蚕结茧的时节，家家户户忙于煮茧，满村飘香。人们都在辛勤地劳作，大路上几乎看不到人影，透过绿荫掩映的篱墙，不时传来缫丝妇女愉快的谈笑。

这时，前方有一位头发斑白的老人拄着拐杖走来，苏轼连忙上去与他攀谈。老人抬起朦胧的醉眼告诉知州：大水过后，存粮全无，幸好春苗长势喜人，可以采些清嫩的麦穗磨成粉，暂且充饥。

苏轼听完后，心想：青苗毕竟有限，不足以解决青黄不接的困难，如果黄豆熟了，倒可以聊以度过饥荒，所以就又关切地问道：

"不知道黄豆几时能够成熟呢？"

走过几个村子后，日上中天，时已过午，村里静悄悄的，枣花簌簌地飘落在行人的衣衫上，家家户户的抽丝车发出轻柔的嗡鸣，村头古

柳下有一位农夫在卖黄瓜。他穿着粗劣的衣服，在慵倦的中午，缓缓
地摇动着芭蕉扇：

> 蔌蔌衣巾落枣花，村南村北响缲车。
> 牛衣古柳卖黄瓜。
>
> 酒困路长惟欲睡，日高人渴漫思茶。
> 敲门试问野人家。
>
> ——《浣溪沙》

奔波了的大半天，苏轼感到有些口渴，于是便试着敲开野外农家的
门，求一杯茶来解渴。

如果说第一首词展现了一派热闹欢快的气氛，那么后两首则描写了
一种宁静祥和的平常光景。这种平常的光景加上与杖藜老人的对话，以
及敲门求茶的细节，则更亲切自然地表现了苏轼与民同乐、与民同亲的
可贵精神。

这组描写农村风光的《浣溪沙》词，宛若一幅幅生动盎然的风俗
画，其中虽然渗入了不少诗人的情趣，但却写得十分质朴、亲切。

可以说，苏轼是文人词中第一个真实反映农村生活的词人，他用白
描的手法描写农村风光，着意表现农民丰富多彩的生产和生活场景，
几乎涉及到农村中的各色人物，散发着泥土的清香。整组词节奏轻
快，色泽明丽，格调清新，体现出了苏轼在词作的题材内容、艺术风
格等各方面的又一个崭新开始。

（三）

在徐州时期，苏轼的交游也显得活跃起来。不少亲友都与苏轼书信

通问，司马光就是其中之一。此外，文同、鲜于子骏等，也时常与苏轼通信。还有不少人，亲自来徐州探望苏轼，这些人中除了苏辙、王定国、颜复等，还有秦观（少游）。

元丰元年（1078），秦少游从高邮来到徐州，拜谒苏轼。当时他年已三十，但还是个秀才，即将进京应举。两位大词人初次见面，苏轼异常高兴，他过去认为秦少游"谓是古人吁莫测，新诗说尽万物情"。这次，他预祝秦少游"忽然一鸣惊倒人，纵横所值无不可"。

就在秦少游来徐州之前，苏轼还接到另一位青年诗人黄庭坚的来信，并附《古诗》二首，以表示对苏轼的敬佩之情。苏轼对黄庭坚早有认识，在读过他的诗文之后，认为他是"精金美玉"似的出色人才。

这一次，苏轼回复给黄庭坚一封信，还和了《古诗》二首。从此，这两位大诗人彼此结下了深厚的情谊。

除了秦少游、黄庭坚之外，晁补之、张耒、陈师道、李廌四人也先后求列于苏轼门下，因而被称为"苏门六君子"，前四人又被称为"苏门四学士"。这些人日后都成为北宋文坛上的璀璨新星。

这种交游上的动向，说明不少文人，尤其是年轻一辈，已经逐渐向苏轼靠拢。在欧阳修去世后，苏轼已经自然而然地成为当时文坛的中心人物。

在徐州任职期间，好山好水之中，苏轼政务清明，宾客盈门，士林爱重，尽管仍与当政者相忤，人生路上难免有许多矛盾与苦恼，也少不了牢骚与感叹，然而对于苏轼来说，徐州的生活还是相对比较顺心的。

元丰二年（1079）二月，同乡张师厚赴京赶考，路过徐州，其时庭中杏花盛开，月下置酒与客共饮，又有相从问学的两位王姓学生在花间吹箫助兴。苏轼倚声而歌：

　　　　杏花飞帘散馀春，明月入户寻幽人。

褰衣步月踏花影，炯如流水涵青苹。

花间置酒清香发，争挽长条落香雪。

山城薄酒不堪饮，劝君且吸杯中月。

洞箫声断月明中，惟忧月落酒杯空。

明朝卷地春风恶，但见绿叶栖残红。

——《月夜与客饮杏花下》

诗歌清新超逸，先写月下杏花，继写花间饮酒，最后四句词义凄婉，情调落寞，深恐洞箫声断，月落杯空，风恶花残，好景不长，这也正是当时政治上的风云变幻在诗人思想上的曲折反映。而此时，天边的雷声已经隐隐响起，一场暴风雨即将来临。

三月，朝廷又下令，命苏轼前往湖州任知府。苏轼十分舍不得徐州的百姓，百姓们也舍不得苏知府。临行的这一天，他骑马出城，发现城门内外，官道两旁，都已密密麻麻地挤满了从四面八方赶来为他送别的百姓。人们争相拦马拉缰，苦苦挽留这位贤良的知州不要离去。

此情此景，让苏轼十分感动。其实，他又何尝不是同样充满依恋呢？三年来，他与徐州百姓一起战胜洪水，修筑长堤，建起黄楼，抵抗春旱，又以自己的才气学问结识了不少诗人名士。在这片土地上，洒下了他无数的汗水，也留下了他无数的欢笑。他多么希望自己可以在这淳朴的乡间，买田泗水，终老一生啊！

可是，朝命难违，他不能不再次起程。乡亲们含着眼泪，献上鲜花，洗盏呈酒，以最淳朴的仪式表达他们深深的眷恋和祝福。他们纷纷说：

"如果不是您，我们恐怕早已成了水中的鱼鳖了。"

然而，苏轼却不肯居功，他答谢乡亲们：

举鞭谢父老，正坐使君穷。

穷人命份恶，所向招灾凶。

水来非吾过，去亦非吾功。

　　　　——《罢徐州，往南京，马上走笔寄子由五首》之二

　　苏轼策马前行，回首之际，徐州城已消失在漠漠春光之中，而他的心却依然充满离愁别绪。他深情地注视着滚滚奔腾的汴河水，诗潮汹涌：

古汴从西来，迎我向南京。

东流入淮泗，送我东南行。

暂别复还见，依然有余情。

春雨涨微波，一夜到彭城。

过我黄楼下，朱栏照飞甍。

可怜洪上石，谁听月中声。

　　　　——《罢徐州，往南京，马上走笔寄子由五首》之三

第十一章　飞来横祸

　　笑渐不闻声渐悄，多情却被无情恼。

——（宋）苏轼

（一）

　　元丰二年四月二十日，苏轼抵达湖州住所。以前任杭州通判时，苏轼曾在这里考察堤岸工程，如今重来，自然是倍感亲切。因此卸下行囊后，他便兴致勃勃地乘上软骄绕城漫游：

　　　　肩舆任所适，遇胜辄流连。

——《端午遍游诸寺得禅字》

　　苏轼深深地为这"环城三十里，处处皆佳绝"的好山好水所沉醉。新的环境，新的开始，苏轼的心里也酝酿着许多新的计划。就像以前在杭州、密州、徐州一样，他将为湖州的百姓办一些实事，"上以广朝廷之仁，下以慰父老之望"。然而，一场突如其来的严重政治打击，彻底毁灭了苏轼的这些美好愿望。

　　元丰时期的政局与熙宁年间已大不相同，当年在朝中激烈论战的变法派与反变法派的核心人物，如今都已不在其位。王安石于三年前第

二次罢相后退居江宁，号称"传法沙门"的韩绛和"护法沙门"的吕惠卿，也在四年前罢相、罢执政；韩琦、欧阳修、吕诲去世多时，富弼退休，司马光闭门著书，不问政事。

但是，朝中的人事纠纷并没有丝毫缓解平息，相反却日渐激烈，斗争的焦点自然不再是变法问题，而纯粹是官场上的倾轧。

从熙宁到元丰，朝政起伏跌宕，朝政更替有如走马灯，而唯独宰相王珪一帆风顺，始终不倒。这并非因为王珪具有为相的才干，而是因为他政治手段颇高。

不过，王珪庸人为相，却嫉贤妒能，不能容忍有才华的人脱颖而出。为了巩固自己的地位，他与参知政事蔡确联手，首先整垮了另一名参知政事元绛，接着又向吴充背后射冷箭，逼得吴充不得不自己上表要求罢相；另一方面，王珪又与几位亲信权御史中丞李定、权监察御史里行何正臣等人结成攻守同盟，随时关注，以防有不合他们心意的人出头。

自从嘉佑二年进士考试名震京师以来，苏轼因种种原因尚未获得朝廷重用，但他的文学艺术各个方面上的卓越才华及广博学识，以及无与伦比的性格魅力，在士林中的声望一直处于不断上升的状态。尤其是近五六年，更是声名远扬。正如当年欧阳修所预言的那样，"他日必将独步文坛"，苏轼如今已成为全国上下妇孺皆知的人物。

神宗平时最喜欢读苏轼的文章，每得到苏轼的一篇文章，总是一读再读，爱不释手。临朝听政时，他也经常向身边的近臣夸赞苏轼的才华，结果令一般嫉贤妒能的小人颇感不快。

当然，如果仅有文名尚不足以构成大的威胁，偏偏这苏轼连续三任地方官都政绩斐然，深得百姓拥戴。尤其在徐州任上，在抗击洪水过程中，苏轼临危不惧，当机立断，身先士卒，指挥得当，表现出一般地方官员所罕有的才干和品质。

神宗不仅下诏嘉奖苏轼，还拨款修堤，颇有器重之意。而且，听说苏轼离开徐州时，百姓遮道拦马，追送数十里。所有这些消息，都令御史中丞李定等人妒火中烧。何况苏轼对于在变法中青云直上的一群新人从来就没有好感，加上他生性放达，口无遮拦，不知掩饰自己的内心真实感受，遇到看不惯的事物，总是语出讥讽，早已将这些人得罪无遗。

对于这样一颗"眼中钉，肉中刺"，难保不会在此人才紧缺的当口异军突起。所以，必须赶紧想办法治一治他，或许还可以连带着将反变法派的潜在势力一网打尽。

苏轼既然已经名满天下，深得皇帝赏识，那么要想搞垮他，首先就要让皇帝厌弃他。然而，自从熙宁四年离开外任，苏轼在地方上勤于公务，有功无过，实在没什么把柄可抓，倒是他喜欢舞文弄墨，常在诗文当中讽喻朝政，单凭这一点能否治罪，李定等人并没有把握。

不过，李定等人思前想后，也没有想到更好的方法，觉得唯有"讥讪朝政"一事是苏轼的致命弱点，可以借题发挥。而且，这群人早已敏锐地察觉，十几年的帝王生涯，早已令神宗皇帝变得日益独断专行，越来越不能容忍反对意见，状告苏轼"愚弄朝廷""指斥乘舆"，很有可能收到他们想要的效果。

机会终于来了。苏轼抵达湖州任所后，便立即循惯例进谢上表。这份《湖州谢上表》与以往的每一份表章一样，在邸报（朝廷官报）上发表，供群臣传阅。其中，有几行字令李定等人看起来特别刺眼，同时又十分适合大做文章。

苏轼在表中说，湖州"风俗阜安，在东南号为无事；山水清远，本朝廷所以优贤"，这岂不是在抱怨朝廷没有委以重任吗？

"臣性资顽鄙，名迹埋微。议论阔疏，文学浅陋。凡人必有一得，而臣独无寸长"，岂不是正言若反，自我表彰吗？

"荷先帝之误恩，擢置三馆；蒙陛下之过听，何以两州"，岂不是大摆老资格，向朝廷邀功请赏吗？

最可气的是，"知其愚不适时，难以追陪新进；察其老不生事，或能牧养小民"，其中的"新进"一词，从熙宁以来已经成为突然升迁的无能之辈的代名词。苏轼公然以这种带有侮辱性的词语指称朝廷官员，还自诩"老不生事"，难道朝中的人都在搬弄是非吗？

读了苏轼的这篇谢上表后，这群小人且怒且喜，于是，一个周密的计划便在他们心中形成了。

（二）

六月二十七日，监察御史里行何正臣首先发难，上书弹劾苏轼，并附上当时流行的一卷本苏轼诗集一册作为罪证。奏章引文摘句，妄加分析，指责苏轼谢上表"愚弄朝廷，妄自尊大"，又说"一有水旱之灾，盗贼之变，轼必倡言归咎新法，喜动颜色"。而且，"轼所为讥讽文字传于人者甚众，今独取镂板而鬻於市者，进呈"，要求对苏轼"大明刑赏，以示天下"。

七月二日，监察御史里行舒亶、国子博士李宜之又同时上奏。舒亶还附上当时流行的四卷本苏轼诗集一套作为罪证。他说：

"轼近谢上表有讥切时事之言，流俗翕然，争相传诵，忠义之士无不愤惋。"

接着，他还选取了一组可以附会为"谤讪君上"的文字，以激怒神宗，其中大意为：

陛下为救济贫困贷款于民，苏轼讥之为"赢得儿童语音好，一年强半在城中"。

陛下为推行新法令百官学习法令，苏轼讥之为"东海若知明主意，应教斥卤变桑田"。

陛下为增加国家收入而实行官盐专卖，苏轼讥之为"岂是闻韶解忘味，迩来三月食无盐"。

"其他触物即是，应口所言，无一不一讥谤为主。小则镂板，大则刻石，传播中外，自以为能。……可谓大不恭矣，虽万死不足以谢圣时！"

最后，舒亶强烈主张将苏轼交由有关部门，严加惩处，"以戒天下之为人臣子者"。

而李宜之的责难更是强词夺理。他说，前不久出差鲁国宿州灵璧，听一位张硕秀才说，苏轼给他家写了一篇《灵璧张氏园亭记》，内有"古之君子，不必仕，不必不仕，必仕则忘其身，必不仕则忘其君"的句子，是"教天下之人，必无进取之心，以乱取士之法，无尊君之义，亏大忠之节，显涉讥讽"，所以应予以彻底清查处理。

在这场诬陷中，最后一个出场是手持重磅炸弹的李定。他于七月三日上奏，声言苏轼犯有四大死罪。他在奏折中说：

"苏轼初无学术，滥得时名，偶中异科，遂叨儒馆。"

随后，他又说，像这样的无能佞幸之辈，却动辄诽谤朝廷，陛下宽宏大量，不予论罪，给他改过的机会，他却"怙终不悔"，此该杀者之一。

不仅不知悔改，苏轼还"傲悖之语，日闻中外"，此该杀者之二。

苏轼的这些充满诽谤性的诗文，颇能蛊惑人心，使人"不循陛下之化"，此该杀者之三。

苏轼既读书明理，知道"事君有礼，讪上有诛"，却因一己私利不能满足，而"肆其愤心，公为诋訾"，可谓明知故犯，此该杀者之死。

李定的这篇奏章，字字句句都指明，苏轼所怨恨、所讥讽、所诽谤的不是别人，正是神宗皇帝本人！

神宗一连数日接到这些状纸，已觉"舆论沸腾"，应予以重视，现在读完李定的这篇奏章，更是震怒不已，遂传下圣旨：

"将苏轼谤讪朝廷一案送交御史台根勘奏闻。"

李定等人闻旨，喜不自胜，立即派太常博士皇甫遵和他的儿子及两

名御史台兵丁携带拘捕令，即刻前往湖州拘捕苏轼。

苏轼在京城的好友中，最先得到这一消息的是王诜。王诜，字晋卿，是宋朝开国元勋王全斌的后人，神宗的妹妹魏国大长公主的驸马。他与苏轼感情深厚，听到这一消息后，万分震惊，急忙派人火速前往南郡（今河南商丘）通知苏辙。苏辙闻讯后，如五雷轰顶，立即派人飞奔湖州，希望能赶在皇甫遵之前，让苏轼有个心理准备。

皇甫遵一行既奉密令，由沿途驿站随时更换良马，昼夜兼程，其行如飞，苏辙的信使哪里追赶得上？幸亏皇甫遵一行到润州时，其子忽然生病，求医问药，耽误了半天，苏辙的信使才抢先一步赶到湖州通知苏轼。然而就因为如此，王诜在苏轼的案子中落了个"泄露密令"的罪名。

（三）

就在王诜、苏辙的信使与皇甫遵一行进行紧张的"马拉松比赛"时，苏轼却浑然不知厄运已经逼近。他仍然像往常一样，有条不紊地处理着公务，闲暇时带着儿子和王适、王通一起出城看荷花、登砚山、游览飞英寺等。现在，王适成了苏轼孩子们的家庭教师，后来又做了苏辙的女婿。

七月二十八日，皇甫遵一行抵达湖州。此时，苏轼刚刚从苏辙的信使那里得到消息，他匆匆办理了告假手续，并将州中事务移交给通判祖无颇，由他暂代知州。

皇甫遵一行气势汹汹地径直闯入官厅，身穿官袍官靴，当厅而立，手持笏板。两名随行分列左右，白衣青巾，面目狰狞。衙门里一片混乱，人心惶惶。

苏轼从未见过这种阵势，心中不免发虚。虽然他已获得消息，知道朝廷要拘捕他，但却不知自己究竟犯了什么不可赦免的罪行，来势竟然如此凶猛，一时不知如何应对。

不过，苏轼还是穿戴好官服，手持笏板，出来迎接皇甫遵一行。衙门中的其他大小官员也都身着官府，站在苏轼的后面。

皇甫遵脸色铁青，一言不发，两名随从腰间鼓起，似乎藏有匕首。一时间，厅内气氛异常凝重。最后，苏轼只好开口：

"轼自来激怒朝廷甚多，今日前来，必定是赐死，死固不辞，只求能与家人诀别。"

皇甫遵这才冷冷地丢出一句：

"还没那么严重。"

随后，皇甫遵将诏令取出，打开一看，不过是令苏轼革职进京的普通公文而已，大家这才暗暗松了一口气。但皇甫遵催促苏轼立即上路，两名随从也马上上前将苏轼五花大绑，带出门去。

王夫人得讯后，急忙追赶出来，全家老少呼天抢地地紧跟后面，旁观者无不唏嘘哽咽。苏轼更是心如刀绞，不知如何安慰妻儿。

但是，州衙内都被一种恐怖的气氛笼罩着，许多官员都畏避不出，只有掌书籍张师锡赶到城郊，与苏轼斟酒饯别。王适、王遹兄弟也一直送到郊外，劝慰苏轼说：

"死生祸福，都是天意，大人又怎能奈何得了天意呢？"

之后，王氏兄弟又帮王夫人打点行装，将苏轼一家二十多口送往南都苏辙家寄住。长子苏迈获准随行，照顾父亲。苏轼出城登州，四顾凄然。然而湖州百姓闻讯后，却成群前来相送，一个个泪如雨下。

皇甫遵一行押解着苏轼登船前行，出发不久，因船舵需要修理，便暂时停靠在太湖鲈香亭畔。晚上，月明如昼，苏轼躺在船舱内，辗转难眠。这一天发生的事太突然了，令人措手不及，不知自己的罪名到底是什么。眼下即已生死难卜，将来审理起来，恐怕还会连累朋友家人，倒不如现在纵身入海，一了百了。

想到这里，苏轼便起身走到船舷边。朦胧的月色中，他一眼瞥见

"鲈香亭"三个大字，不由从心底发出一声叹息。晋朝的张季鹰官居洛阳，秋风起时，想起家乡吴中的鲈鱼脍，说道：

"人生贵得适意，何能羁宦数千里以要名爵？"

于是辞官归隐，免祸全生。

这个名士的掌故令苏轼感慨万千。他想起了弟弟苏辙，如果自己今日枉死，日后他要如何独自走过这漫长的人生之路啊？思来想去，不觉天色已明，凝望着渐渐苏醒的吴江沿岸，他低声吟道：

晓色兼秋色，蝉声杂鸟声。
壮怀销铄尽，回首尚惊心。

——《吴江岸》

船在路过扬州时，苏轼的好友鲜于子骏早已伫立在岸边，希望能与苏轼见上一面，却被押送的官差凛然拒绝。在当时那种情形之下，多少亲朋好友唯恐避之不及，鲜于子骏身为朝廷命官却无所畏惧，让苏轼着实感动。

透过船舱紧闭的窗棂，苏轼远远地看着好友惘然离去，不禁泪水盈眶。

与此同时，御史台又下令，命所在州郡搜查苏家。此时，苏轼的家小已在赴南都的船上，州郡官吏居然派遣大批人马连夜追赶，在宿州将苏家船只拦住，然后登上船只，翻箱倒柜，一家人都吓坏了。

等这批官吏什么也没搜到，悻悻离去之后，面对一片狼藉，性情温和的王夫人也不禁怒从心起，愤愤说道：

"都是平时吟诗作文惹来这场大祸。他究竟得到过什么好处，现在将我们都吓个半死！"

于是一气之下，王夫人将家中残存的苏轼的手稿付之一炬。

　　苏轼被赦免后，遭贬至黄州，靠朋友资助，住在东坡上的一间茅屋里。这时的苏轼有了大量清闲时间，就到处题赋游玩，大量绝世名词，如《临江仙》《卜算子·黄州定惠院寓居作》等，就是在这个时期写出来的。苏轼在游黄州赤壁时所写的《念奴娇》更成为千古佳句。不过，苏轼虽然博学多才，但在地理上却犯了个大错：三国赤壁在武汉上游，而黄州赤壁在武汉下游，此赤壁非彼赤壁。但后人也就将错就错，将苏轼题词的这个赤壁称为"东坡赤壁"。

第十二章 蒙冤入狱

细看来，不是杨花，点点是离人泪。

——（宋）苏轼

（一）

八月十八日，苏轼被押解到汴京，随即投入御史台一间阴暗狭窄的单人牢房之内。御史台位于京城内东澄街北，与一般建筑坐北朝南的格局不同，御史台的大门是朝北开的，取阴杀之意。四周遍布柏树，有数千只乌鸦栖居在上面，故而御史台又称"乌台"或"柏台"。宋朝的刑法规定，"凡群臣犯法，大者多下御史台，小则大理寺、开封府鞫治"。苏轼的这桩案件既然由皇帝御批，自然属于大案。

要想治人死罪，首先就必须掌握充足的材料。为此，李定等人可谓煞费苦心，千方百计收集市面上通行的苏轼诗文集的各种刊本，从中找出近百首他们认为有问题的作品，然后一首首拿来审问苏轼。

这些诗文有的根本与新法无关，纯属牵强附会，罗织诬陷；有的确有反对新法的内容，但也包含着生活的真实，反映出新法的弊端；当然也有极少数反对新法的作品，表现了苏轼本人的思想偏见，但也谈不上应受法律的制裁。

刚开始时，苏轼只承认《山村五绝》有讽喻时政的意思，此外别无关联，可御史们哪肯罢休？他们软磨硬泡，恐吓威逼，三番五次，轮番对苏轼展开审讯，直到苏轼心力交瘁，承认他们的曲解，否则就没完没了。

后来，他们又追问苏轼，除了已经指控的作品外，是否还有其他讥讪新法的文字，苏轼回答没有。于是，御史们又立即向各州郡发出公文，收取散落在有关人士手中尚未刊印的苏轼诗文。

在当时那种高压政策之下，谁还敢有所隐晦？即使有只字片纸，也赶紧上缴，光杭州境内就供出数百首苏轼的文章，时人称之为"诗账"。于是，御史们又是一番用心的条分缕析，对苏轼也又是一番穷追不舍的疲劳战……

为达到一网打尽的目的，他们还极力追问苏轼与哪些人有诗文往来，以及哪些人写过讽刺文章给他。苏轼不肯连累朋友，一连几天，任凭百般拷问，也只有一句话：

"更无往复。"

御史台并不就此罢休，又向各州郡及朝廷有关部门发出公文，将与苏轼来往密切的有关人等传唤到官府，一一问证。在强大的压力之下，苏轼只好承认：

"与人有诗赋往还。"

案情至此变得更加复杂，与苏轼交往密切并写有所谓"讥讽"文字的朝廷内外大臣竟牵涉出数十人，其中包括王诜、李清臣、王纷、孙觉等。

李定等人还采取指使他人、伪造文字等手段，千方百计地想要使苏轼陷入"滔天罪恶"之中。他们还将苏轼在诗歌中的某些讽刺新法之处夸大为于朝廷、于神宗不满，有所"叛逆"。御史们还对苏轼进行威胁，要他招承"叛逆"罪。苏轼回答他们说：

"我为人臣，不敢萌此心，却不知是何人造出此意？"

他们还采取牵强附会、捕风捉影的方法，制造苏轼"叛逆"的实据。当时的宰相王珪接受舒亶的意见，死死抓住苏轼《王复秀才所居双桧》二首中的"根到九泉无曲处，世间惟有蛰龙知"句，在神宗面前进谗言道：

"陛下飞龙在天，苏轼以为不知己，反欲求地下的黄龙，非造反而何？"

狱吏也追问苏轼，"蛰龙"到底有无讥讽？苏轼回答说：

"王安石的诗中说，'天下苍生待霖雨，不知龙向此中蟠，'我所写的，也是这样的龙。"

从八月二十日开始，一直到十月中旬，将近两个月的审讯，让苏轼在精神和肉体上都承受了难以言喻的屈辱和折磨。为了达到他们不可告人的目的，这些小人无所不用其极，动辄大声辱骂，甚至鞭打，为日不足，继以夜审。当时另有一名大臣苏颂，因审理一桩人命案官司受人诬陷而下狱，恰好关押在苏轼隔壁的牢房中。他亲耳听到御史们对苏轼所进行的种种非人虐待，为之悲叹不已，遂写道：

遥怜北户吴兴守，诟辱通宵不忍闻。

——周必大《记东坡乌台诗案》引

（二）

漫长的审讯终于告一段落，苏轼被逼着写了两万多字的供状。御史们经过整理摘要，做成了"勘状"提交给神宗，指控苏轼攻击新法、讥讽朝政的罪名成立，只得神宗御笔一挥，便可结案。从此，苏轼独自枯坐在牢狱之中，等待皇帝最后的判决。

苏轼在被押解赴京的途中，就与长子苏迈暗暗商量好，每天苏迈在送饭时，只给他送菜和肉。万一听到坏消息，就撤去菜和肉，只送鱼来，好让苏轼在思想上早有准备。

　　一天，苏迈因钱粮用尽，需要出城筹措，只好委托京城的一位亲戚代为送饭。在临走前，他忘记将这个约定告诉了亲戚。这位亲戚几次碰见苏迈给苏轼送饭，都是送的肉和菜，这次便想给苏轼换换口味，于是特意买来一条鱼，精心烹制好，送到狱中。

　　苏轼见这日送来的是鱼，不禁大惊失色，以为这是自己要被处死的暗号。况且数日来，狱吏为了取得所谓罪证，拷问甚急，苏轼也自料难以忍受，倒不如一死了之。

　　不过，苏轼知道是李定等人陷害他，想向神宗诉说自己的心愿，现在看来是无法实现了。他思前想后，当时自己是因作诗而获罪的，如今看来也只能以作诗来自救了。于是，苏轼当即写下两首诀别诗，托狱卒梁成设法转交给弟弟苏辙。他相信梁成不敢隐瞒，一定会将诗作送给李定等人检查。诗曰：

> 圣主如天万物春，小臣愚暗自忘身。
> 百年未满先偿债，十口无归更累人。
> 是处青山可埋骨，他时夜雨独伤神。
> 与君今世为兄弟，又结来生为了因。
>
> 柏台霜气夜凄凄，风动琅珰月向低。
> 梦绕云山心似鹿，魂飞汤火命如鸡。
> 眼中犀角真吾子，身后牛衣愧老妻。
> 百岁神游定何处，桐乡知葬浙江西。
>
> ——《予以事系御史台狱，狱吏稍见侵，自度不能堪，死狱中，不得一别子由，故作二诗授狱卒梁成，以遗子由》

　　这两首绝命诗写得凄楚哀婉，令人不忍卒读。苏轼入狱之后，杭州、湖州等地的百姓自发组织起来，连续数月为苏轼作"解厄道场",祈祷神灵保佑他平安无事。苏轼在狱中听到这个消息后,十分感动,因此诗的最后两句是嘱咐家人,他死后将他安葬在湖、杭一带,以表达他对这两地百姓深深的眷恋与感激。

这些代表着公道与正义的救赎活动在民间展开的同时,朝中的不少士大夫也开始冒死仗义执言,解救苏轼。

一直以来,苏辙都想方设法积极营救苏轼,先是上书陈言,后来又请求用自己的官职为长兄赎罪。说:

"臣早失怙恃,唯兄轼一人,相须为命。"

因此,他希望皇上能够宽大处理,免苏轼一死。

以吏部侍郎退休的范镇,是苏轼的忘年之交。在案发之初,他也被御史台列为重点清查的对象之一,可谓自身难保,但他依然不顾一切,上书神宗,请求赦免苏轼。

苏轼被解送汴京路过南都时,退休大臣张方平闻讯后,也痛惜扼腕,愤然上书营救。这位德高望重的七旬老人,历仕三朝,位至参知政事,对苏洵、苏轼、苏辙父子有两代知遇之恩。老人原想将奏疏附在官递公文中呈送给神宗,但主事官员不敢接受,于是只好叫儿子张恕专程持奏入京,到受理官民建议的登闻鼓院投递。

然而,张恕生性怯懦,徘徊思虑,终究没敢投出。苏轼后来出狱后,读到了张方平的这份奏疏,不禁大惊失色。原来,张方平在奏疏中劈头就说苏轼是"天下之奇才",劝神宗本着惜才之心赦免苏轼。殊不知,苏轼恰恰因为"独以名太高,与朝廷争胜耳"。在当时的情况下,说他是奇才反而会激怒神宗,幸好张恕没有将奏疏投出。

(三)

对于苏轼一案,神宗皇帝本人也十分矛盾。一方面,他恼怒苏轼竟敢恃才傲物,讥讽百出;另一方面,他又从心底里欣赏苏轼的才干,不忍轻易加害。同时，太祖传下的"不得杀士大夫与上书言事人"的祖训，也常常在他脑中萦回。倘若违背祖先教诲，滥开杀戒，便会落得个不能容人的骂名，被千秋万世耻笑。

这一天，宰相吴充陪侍在神宗左右。议完政事后，吴充忽然问道：

"陛下以为魏武帝（曹操）这个人如何？"

神宗想都没想，便随口说：

"不值一提。"

吴充又说：

"陛下一举一动都以尧舜为楷模，当然应鄙视魏武。然而魏武帝这样多疑好猜忌的人，尚能容忍当众击鼓骂曹的祢衡，而陛下您为什么就不能容忍一个写诗的苏轼呢？"

这番话说得十分巧妙，却恰好击中要害。神宗被问得措手不及，只好说：

"朕并没有其他意思，只是想澄清一些是非，很快就会放了他。"

此时恰逢神宗的祖母曹太后病重，神宗每天都去探望，以尽孝道。他心中那份难掩的焦虑与郁闷，细心的曹太后早就看在眼里。于是，她心疼地拉着神宗的手问道：

"官家为何多日不悦？"

神宗回答说：

"国事多艰，变法更张也都未见成效，有个名叫苏轼的臣子动辄谤讪，甚至形于文字。"

曹太后听完，便问道：

"可是二苏兄弟中的那个苏轼？"

神宗吃了一惊，忙问：

"祖母怎么知道他们的名字？"

曹太后缓缓说道：

"我记得有一年仁宗皇帝策试制举后回到宫中，高兴地说：'朕今日选得两位宰相之才，一个名叫苏轼，另一个名叫苏辙，是两兄弟。朕已年老，恐怕来不及用他们了，留给子孙用不是也很好吗？'"

说到这里，曹太后又问这两人现在何处，神宗如实回答。太后又说：

"因写诗而坐牢，开国百年尚无先例。我已经病了，但愿不要再有冤屈之事发生，致伤中和之气。"

神宗忙点头，表示遵命。

不久，曹太后病势愈发严重，神宗决定大赦天下，为太后请寿。太后说：

"无须赦天下凶恶，只放了那苏轼便可。"

十月十五日，神宗颁发大赦天下的诏令，苏轼暂无性命之忧，大家都松了一口气。然而王珪、李定等人眼见功败垂成，立即再次设法激怒神宗，企图致苏轼于死地。他们又连续上书，以舆论的名义阻挠赦免苏轼。

李定在奏章中耸人听闻地说，对于苏轼这种"讪上惑众"的"奸党"，"不屏之远方则乱俗，再使之从政则坏法"，即使在大赦的年份，也不应该赦免。

舒亶更是丧心病狂，不但认为牵连入案的王诜、王巩等罪不容赦，甚至连收受苏轼讥讽文字而未曾主动上缴的张万平、司马光、范缜等三十多人，也都应统统杀头。

对于这番胡言乱语，神宗也觉得十分反感。恰在这时，退隐金陵的王安石也上书给神宗：

"岂有圣世而杀才士者乎？"

至此，神宗终于下定决心，赦免苏轼。

十二月二十八日，神宗对苏轼一案做出终审判决，从轻发落，将苏轼贬官黄州。其余牵入本案的大小官吏，视其情节轻重，也都受到不同程度的处分：王诜身为驸马都尉，皇亲国戚，与苏轼往来最密，收受讥讽文字最多，案发后泄露机密，被削除一切官职爵位；苏辙代兄受过，贬官筠州；王巩与苏轼交往密切，虽无具体罪状，但也被远谪宾州。其余收受有讥讽文字而不主动上缴的22人，张方平、李清臣各罚铜30斤；司马光、范缜、陈襄、李常、孙觉、黄庭坚等，各罚铜20斤。

在被囚禁整整130天后，苏轼终于从那暗无天日的牢狱之中走了出来。他深深地吸了一口外面的空气，感受到一种久违的舒畅和轻松，一口气便作了两首诗：

> 百日归期恰及春，余年乐事最关身。
> 出门便旋风吹面，走马联翩鹊啅人。
> 却对酒杯浑是梦，试拈诗笔已如神。
> 此灾何必深追咎，窃禄从来岂有因。
>
> 平生文字为吾累，此去声名不厌低。
> 塞上纵归他日马，城东不斗少年鸡。
> 休官彭泽贫无酒，隐几维摩病有妻。
> 堪笑睢阳老从事，为余投檄向江西。
>
> ——《十二月二十八日，蒙恩责授检校水部员外郎
> 黄州团练副使，复用前韵二首》

由于御史台也被称为"乌台"，故而苏轼的这场文字狱也被称为"乌台诗案"。"乌台诗案"是北宋开国以来第一个因作诗而获罪的文字狱，虽说苏轼本人并未因此而一蹶不振，但这却给北宋后期的政治带来了严重的消极后果：士大夫讳言国事，纷纷明哲保身。士气的凋敝也令国家元气大伤，北宋的政局遂渐渐不可收拾。

第十三章　黄州谪居

欲把西湖比西子，淡妆浓抹总相宜。

——（宋）苏轼

（一）

元丰三年（1080）正月初一，整个汴京城都沉浸在节日的喜庆之中，"爆竹声声一岁除，春风入户暖屠苏。千门万户曈曈日，总把新桃换旧符。"在这繁华热闹的时刻，苏轼却在御史台差役的押送之下，启程前往黄州贬所。

回首京城，苏轼心中无限感慨。兄弟俩同时贬官，两家都面临着搬迁的动荡。作为犯官，苏轼自然不能绕道南都去探亲，只能捎信叫苏辙赶往陈州相见，一起商量家小的安排。

陈州离京城不远，是去黄州的途径之地。苏轼于初四到达陈州，苏辙则于初十赶到。初罢徐州任时，苏轼曾顺道去看望弟弟，距今还不到一年，劫后重逢，恍如隔世。

兄弟两人匆匆议定家事，又要匆匆远别，彼此不免依依难舍。身处苦难之中的苏轼不愿沉溺于悲痛之中，故而反过来安慰弟弟说；

此别何足道，大江东西州。

——《子由自南度来陈，三日而别》

兄弟两人一个住在长江西头，一个住在长江东头，虽然难以相见，却是一水相连，不也是可资慰藉吗？

二月一日，苏轼抵达黄州。当时，苏轼的家眷都在苏辙那里，随身只带着长子苏迈。到了五月，苏辙自南都来到齐安（南齐时黄冈之称），才将嫂子和侄子都送了过来。

黄州是一座偏僻萧条的江边小镇，任何人来到这里，都不免会产生一种被遗忘、被弃置的凄凉之感。

苏轼的正式官衔是责授检校尚书水部员外郎、充黄州团练副使、本州安置、不得签书公事。水部员外郎本是水部的副长官，但检校则是代理或寄衔的意思，并非正任之官；团练副使本是地方军事助理官，但在这里也仅仅是个挂名而已，因为后面的"本州安置、不得签书公事"已表明苏轼的身份：无权参与公事，只是由当地州郡看管的犯官，性质近似于流放。

由于是犯官，没有官舍居住，苏轼父子只好借住在城里一座名为定惠院的小寺庙内，并在寺内搭伙，跟和尚们一块吃斋。好在住持和尚将他们视为上宾，礼遇有加，让苏轼在颠沛流离之余，终于有了一个可以暂时栖息的处所。

贬官谪居，引起了苏轼在各方面的一系列变化，他在写给章惇（子厚）的信中说：

黄州僻陋多雨，气象昏昏也。鱼稻薪炭颇贱，甚与穷者相宜。然某平生未尝作活计，子厚所知之，俸人所得，随手辄尽。而子由有七女，债负山积。贱累皆在渠处，未知何日到此。见寓僧舍，布衣蔬食，随僧一餐，差为简便。以此畏其到也。穷达得丧，粗了其

理，但禄廪相绝，恐年载间，遂有饥寒之忧，不能不少念。然俗所谓水到渠成，至时亦必自有处置，安能预为之愁煎乎？

待苏辙将妻子和儿子送来后，苏轼便从定惠院迁居临皋亭。这是江边的一个驿亭，每到下午，倒西太阳，炎热可畏。在苏轼看来，现在是"全家占江驿，绝境天为破"。以前，苏轼从未为日常生活打算过，现在却不得不为每天的柴米油盐操心，也学着进行有计划的安排来。在给秦少游的信中，他写道：

初到黄，廪入既绝，人口不少，私甚忧之。但痛自节俭，日用不得过百五十。每月朔，便取四千五百钱，断为三十块，挂屋梁上。平旦，用画叉挑取一块，即藏去叉。仍用大竹筒别贮用不尽着，以待宾客，此贾耘老法也。度囊中尚可支一岁有余，至时别作经画，水到渠成，不须预虑，以此胸中都无一事。

好在黄州物产丰富，物价也便宜，再加上其他的一些条件，对苏轼一家的生活还算是有利。因此，他接着又对秦少游说：

所居对岸武昌，山水佳绝，有蜀人王生在邑中；往往为风涛所隔，不能即归，则王生能为杀鸡炊忝，至数日不厌。又有潘生者，作酒店樊口，棹小舟径至店下，村酒亦自醇酽。柑橘椑柿极多，大芋长尺余，不减蜀中。外县米斗二十，有水路可致。羊肉如北方，猪、牛、獐、鹿如土，鱼、蟹不论钱。岐亭监酒胡定之，载书万卷随行，喜借人看。黄州曹官数人，皆家善庖馔，喜作会。太虚视此数事，吾事岂不既济矣乎！欲与太虚言者无穷，但纸尽耳。展读至此，想见掀髯一笑也。

　　苏轼在生活上受到亲友们的多方接济照顾，也得到了黄州人民的热情照顾。黄州百姓见苏轼在临皋亭住得不宽敞，就帮他在临皋亭的高坡上修葺了一座小茅屋，作为他的游息之所。苏轼很喜欢这里，还把茅屋取名为"南堂"。

（二）

　　来到黄州的第二年，苏轼一家的生活开始困难起来。他的老友马正卿看到这一点，就为苏轼于郡中请求过去驻兵的营地数十亩，以便于开垦，增加一点生活收入。这片营地荒废已久，上面全都是蒺藜瓦砾之场，开垦起来并不容易。

　　不过，苏轼下了很大的决心，带领一家人亲自参加劳动，通过劳动生产来解决一部分生计问题。他借来耕牛犁耙，亲自扶犁扬鞭，耕起地来。高低不平的地方，他就挥动镢头，一镢一镢地刨。长子苏迈经常要跟着他一起劳动，13岁的苏迨和11岁的苏过，也经常到地理做一些力所能及的劳动。

　　苏轼毕竟不是庄稼汉出身，种地对他来说也并非轻而易举的乐事。这片土地并不肥沃，要让它长出庄稼来，真等于刮龟毛织毡毯一般艰难。而且年景又不好，出现大旱。苏轼有时累得筋疲力尽，不免感叹不已。

　　尽管如此，苏轼还是作出了一个规划，根据地形的高庳，土性的干湿，在有些地方种稻，有些地方种麦，有些地方种枣种栗，有些地方种桑，有些地方栽竹，有些地方种菜，有些地方养鱼。五亩桑园，苏轼不让其有寸地之闲，还向附近的农人要来桃花茶种上。

　　元丰五年（1082）的一开春，苏轼就在自己所开辟的土地附近选了一块地方，亲自设计，修葺了几间草屋。由于它是在大雪中动工完成的，又是自己发挥画家的豪兴，苏轼又在四壁之上全部绘上雪景，故而就将其命名为"雪堂"。

自从开垦出那片营地后，苏轼就将它称为"东坡"。在草堂建成后，他还亲自手书"东坡雪堂"四个字榜在堂上，并给自己取号为"东坡居士"。苏东坡的名字就是由此开始的。

雪堂地处高垄之上。在雪堂的周围，苏轼还亲自种上柳树、松树等。在雪堂的正面，有一座小桥，东面还有一处暗井，这也是苏轼浚通的。雪堂之西有一片竹林，属于苏轼的邻居古耕道，当时称为南坡。

有了东坡和雪堂，苏轼平时经常参加生产劳动。这在诗人之中，除了陶渊明和杜甫之外，是较为少见的。苏轼也将这一点作为自己生活态度的转变，企图将自己的立足点放在"弄水耕菜"的躬耕生活之上。就这一点来说，东坡和雪堂对于苏轼，确实有着非常深远的意义。

由于谪居生活改变了自己与当时统治集团的关系，苏轼暂时处于被打击被压迫的地位，因此也试图在东坡上重新找寻自己的生活道路。苏轼这样倾向于劳动人民的生活，并带有一定的亲身实践，对像他这样一个士大夫知识分子来说，是一种相当具有勇气的追求。

劳动本身当然是艰苦的，但是，当他们亲手挖的井中流出甜滋滋的泉水时，当小儿子欢天喜地地报告说稻子抽出新穗时，当餐桌上摆好自己种出的炒青菜时，当全家人吃上香喷喷的新米饭时，一直依靠俸禄过日子的苏轼，那种幸福、甜蜜、自豪的感觉真是难以言表！为此，他专门写了《东坡八首》来记叙自己开垦东坡的劳动过程，里面渗透着汗水、痛苦、喜悦和骄傲。

黄州百姓也给了苏轼很多支援和照顾，帮他耕地插秧，打墙盖房，送给他树苗、花种、菜籽等。苏轼也尽可能地为黄州百姓办些力所能及的好事，他配置药丸施舍给病人，开展宣传，劝阻穷人溺婴。他还成立了一个救儿组织，请他的邻居古先生担任负责人并管钱，请安国寺的一个和尚管账，向富人募捐钱财，用来救助无力抚养的婴孩。

在经济困难的情况下，苏轼自己每年还捐十缗钱，每缗一千文，相当于他家中两个多月的生活费。

（三）

在谪居期间，除了参加劳动，坚持进行创作，苏轼还将自己相当一部分的精力倾注于读书和进行学术研究方面。苏轼的天才，是连他的政敌李定之流都深为赞叹的。但人们通常不能正确地理解苏轼文学才能的成因，往往过分夸大他的天赋条件。苏轼在黄州期间的表现，揭开了这个秘密。

在劳动之余，苏轼三次手抄《汉书》，所下的工夫达到了令人惊叹的程度。开始时，他将《汉书》中的文章以三字为题，后来以两字为题，最后又只以一字为题。一位去拜访他的客人，任挑一册《汉书》，任举一个一字题，苏轼马上可以应声背出几百字的一大段来，一字不差，一字不缺，且几次改挑都一样。

苏轼还熟习先辈的名作，经常独自高声诵读杜牧的《阿房宫赋》，反反复复，竟至侍候他的老兵都深知杜牧在诗中所指的中心思想了。

苏轼不仅勤于读书，还勤于思考，勤于笔记，随时随地都将自己的点滴心得记录下来，写成一则一则短小精悍的随笔。由于能够独立思考，不墨守成规，敢于怀疑，因而屡有新见。比如，他说：

"'采菊东篱下，悠然见南山'，因采菊而见山，境与意会，此句最有妙处。近岁俗本皆作'望南山'，则此一篇神气都索然矣。"

在读到韩愈的诗"百年未满不得占，且可勤买抛青春"一句时，苏轼发现，唐人命酒多以"春"，则"抛青春"也必然是酒名。

在三月间，他听黄州百姓群聚讴歌，婉转其声往返高下如鸡叫，认为这就是"鸡鸣歌"，也就是山歌。

他偶然读到白居易的《对酒诗》，证明了《阳关三叠》的正确唱法。

此外，他还写了不少关于孟郊、陶渊明、李白、韩愈、杜甫等人诗文的杂感、评语。这些与他平时先后所作的书法、绘画等随笔一起，

被后人结成集子，题为《东坡题跋》，成为一个有分量、有见解且以短小精悍见称的文艺批评集。

苏轼还集中精力完成父亲在临终前所嘱咐他的《易传》，一共写出九卷。他自己又很喜欢《论语》，于孔子哲理有所发明，因此又作《论语说》五卷。

然而，谪居生活也引起了苏轼思想情感上最激烈、最复杂的变化。对于当时统治集团给予自己的打击，苏轼内心十分愤懑和不平，这种情感有时表现比较隐晦，有时又比较明显，有时他会采取自嘲自讽或托物言情的方式表达出来。

苏轼算是个比较乐观、比较倔强的人，但对于"乌台诗案"与谪居黄州这样沉重的打击，像他这样一个士大夫知识分子，在思想及观点上原来就有较为软弱和消极的一面。所以，苏轼在愤懑不平之余，也会时时流露出伤感与颓废，深为自己的命运悲哀。这种思想情感上的复杂色彩，在他初到黄州时的一系列诗作中反映得尤其鲜明。

随着谪居生活的年复一年，苏轼的思想情感也日益苦闷、矛盾和痛苦。作为一个士大夫知识分子，功名前途是最重要的问题，苏轼也摆脱不了这方面的桎梏。而贬官谪居，表明自己与掌权派统治集团存在着尖锐的矛盾，政治上前进的道路已被阻塞，青年时代的雄心壮志也彻底幻灭。今后个人的政治前途与生活前途会如何发展，茫然而不可知。这种个人的不幸，在初期常常会令苏轼陷入一种"百事灰心无复世乐"的境地之中。

不过，苏轼并没有让自己长时间地陷于这种苦闷惆怅的情绪中，很快就想方设法地自得其乐。每天闲暇之时，他就布衣草鞋，不论远近，出入于荒山大江、修竹古木之间，与田间的农民、水滨的渔父、山野的樵夫、市井的商贩，随意地聊天说笑，无拘无束。偶尔遇到个极不善言辞的人，无话可说，他便求人家说个鬼故事来听听，那人或许还要推辞，说：

"没有鬼故事可讲啊！"

他则再三坚持：

"随便编一个也可行。"

旁人听到这话，无不哄然大笑。

旷然天真的普通人生活，也渐渐令苏轼紧张的心情得到平复，趋于平和，在他那充满诗意与欣赏的眼光中，平常得不能再平常的黄州山水也渐渐变得美丽起来，简直已经等同于素有人间天堂美誉的苏杭。

正是这种超然世外的胸怀和气度，才令苏轼能够于常人难耐的苦闷中自得其乐。他曾语含幽默地与李常谈起家中经济的窘境，说自己快五十岁了，才知道盘算过日子，"大要是悭尔，而文以美名，谓之俭素"。何况人欲无穷，永无止境，所以"每加节俭，亦是惜福延寿之道"。这样在意钱财，看起来似乎很俗气，且又是迫不得已，但却是益处多多的生活良策，因此"不敢独用"，奉献出来与朋友分享。

有一次，苏轼读到《战国策》，看到一句"晚食以当肉"的话，不禁心神领会，俨然而笑，说道：

"美恶在我，何与于物。"

第十四章　赤壁咏词

云散月明谁点缀，天容海色本澄清。

——（宋）苏轼

（一）

　　距离黄州城西北数百步远的长江边上，就是历史上著名的赤壁。自唐朝以来，经常有诗人墨客提起这个令人浮想联翩的地方。苏轼也经常来这里，或攀崖登高，或泛舟江上。

　　一天，苏轼又来到赤壁，站在矶头，望着滚滚东去的长江，想起自己一生坎坷，少年壮志皆已付诸东流，不禁俯仰古今，浮想联翩，写下著名的词作《念奴娇·赤壁怀古》：

　　大江东去，浪淘尽，千古风流人物。
　　故垒西边，人道是三国周郎赤壁。
　　乱石穿空，惊涛拍岸，卷起千堆雪。
　　江山如画，一时多少豪杰！

　　遥想公瑾当年，小乔初嫁了，雄姿英发。
　　羽扇纶巾，谈笑间，樯橹灰飞烟灭。

故国神游，多情应笑我，早生华发。

人生如梦，一樽还酹江月。

在这首《念奴娇》中，苏轼艺术性地重演了一次巨大的历史事件——赤壁之战。这场战争发生于东汉建安十三年（208），当时曹操初步统一了北方，率军二十余万南下，攻伐东吴。东吴孙权与蜀汉刘备相互联合，以五万的兵力，火烧赤壁，大破曹军，奠定了魏、蜀、吴三国鼎立的局面。

通过一场激烈雄壮的战斗，苏轼将英雄人物的雄心壮志，智慧创造，精神活力，胜利者的自豪，事业上的成功，与对祖国大好河山的歌颂，对个人爱情生活美满幸福的赞美，都巧妙地结合在一起，和谐地统一起来。

苏轼在这里所歌唱的中心，是敢于战斗、最终以少胜多战胜敌人的英雄周瑜，将他塑造成为我国历史上富有创造精神和雄才大略，并能为祖国和社会创下英雄业绩的一个典型形象。

《念奴娇?赤壁怀古》这首词，给人以强烈的自豪感和胜利感，大大地激发了人们对于伟大祖国、对于英雄事业、对于美好事物的期望与追求。

同时，词中也包含了作者政治理想落空的悲哀，但他将这种悲哀融会在壮阔的江山与久远的历史之中，写得气势恢宏。这是强者的悲啸，而不是弱者的悲戚，它不会使人落泪，却会令人油然产生一种苍凉悲壮的崇高之感。而且，在超越古今的巨大时空背景映衬下，小我的忧患显得多么无足轻重！

正因为有了这样一种历史的通观，苏轼才得以从悲哀中解脱出来。按照儒家的传统观念，也许"人生如梦"的虚幻充满了消极色彩，但事物在特定情境下发生特定的变化，这种原本消极的思想却在苏轼的身上起到了积极的作用，使他在逆境之中不被沉重的失意情绪所压垮，而始终保持着乐观旷达的胸怀。

在苏轼的整个词创作中,《念奴娇》占有着极为重要的地位。通过它,苏轼再一次向人们宣布,作为一种文学形式,词应该彻底摆脱各色各样的束缚,不再在"花间"小径上徘徊,而应坚决、独立、自由地去歌唱人生,歌唱历史,歌唱英雄,歌唱祖国,歌唱社会生活中的一切美好事物。

因此,《念奴娇》也彻底确立了豪放派在我国词史上的重要地位。它以鲜明而强烈的艺术风格,十分有力地证明了"苏词"的高度成熟。因此,这首词也成为苏轼个人创作上的、同时也是我国词史发展史上的里程碑。

(二)

元丰五年(1082)五月,一位奇异的客人前来拜访苏轼,他就是四川绵竹武都山道士杨世昌。这位杨道士善画山水,长于鼓琴吹箫,通晓天文、历算及星相、卦术,还懂得炼丹、医药、酿酒等,可谓多才多艺,他的到来也给苏轼带来了无限欢欣。这位道士是个无牵无挂之人,因此苏轼便留他在学堂久住,直到第二年才离去。

从此,苏轼在闲暇时就与这位道士朋友为伴,一起谈天说地,游山玩水,并时常向他请教道家养生炼丹之术。苏轼也是个好酒之人,自然也不肯错过机会向杨道士学习酿制蜜酒。

他兴致勃勃地抄下秘方后,便回到临皋亭,独自闭关在家中挥汗如雨地折腾开了,一边还喜滋滋地设想:

> 一日小沸鱼吐沫,二日眩转清光活。
> 三日开瓮香满城,快泻银瓶不须拨。
> 百钱一斗浓无声,甘露微浊醍醐清。

——《蜜酒歌》

不过很遗憾，蜜酒酿成之后，效果并不好，喝下去会闹肚子，原因是苏轼没有耐性精确地按照杨道士所给的配方来做，很多时候都是"大概""差不多"，结果蜜水没有发酵，而是腐败了。

一次未成，苏轼以后便不再做了，反正他不会缺酒喝。黄州的徐知州会经常给他送最好的州酿，黄州邻近的四五个郡县也常来送酒给他。他将各种不同的酒都混合着倒入一个大酒樽里，称为"学堂义樽"。读书之余，他依旧陶情山水，何况现在又有杨道士相伴，更是雅兴倍增。

七月十六日傍晚，苏轼与杨世昌及其他几位友人等，又一起乘坐小船游览赤壁。这天晚上，长江的夜色特别迷人，皎洁的明月挂在东山之上，淡淡的白雾笼罩着江面，清风徐来，水波不兴，月光与水色溶成一片，小船仿佛在空中航行。

苏轼兴致勃勃，喝了一阵子酒，就叩着船舷唱了起来：

> 桂棹兮兰桨，击空明兮溯流光。
> 渺渺兮予怀，望美人兮天一方。

杨世昌则吹起洞箫，给苏轼伴奏。大家玩得十分尽兴，时而赋诗，时而唱歌，时而听箫。苏轼著名的《前赤壁赋》即以充满诗意的神奇笔调，记载了这一夜的漫游：

> 壬戌之秋，七月既望，苏子与客泛舟，游于赤壁之下。清风徐来，水波不兴。举酒属客，诵《明月》之诗，歌《窈窕》之章。少焉，月出于东山之上，徘徊于斗、牛之间。白露横江，水光接天。纵一苇之所如，凌万顷之茫然。浩浩乎如冯虚御风，而不知其所止；飘飘乎如遗世独立，羽化而登仙。

幽美、澄澈的景色描写透露出诗人潇洒怡然的心情，两相交汇组成了一个开阔疏朗的境界，而那种浩渺茫茫、若有若无的虚幻之感又引出了客人与主人对人生的两种不同见解。客吹箫而凄然，不禁感叹：

> 西望夏口，东望武昌，山川相缪，郁乎苍苍，此非孟德之困于周郎者乎？方其破荆州，下江陵，顺流而东也，舳舻千里，旌旗蔽空，酾酒临江，横槊赋诗，固一世之雄也，而今安在哉？况吾与子渔樵于江渚之上，侣鱼虾而友麋鹿，驾一叶之扁舟，举匏樽以相属，寄蜉蝣于天地，渺沧海之一粟。哀吾生之须臾，羡长江之无穷。挟飞仙以遨游，抱明月而长终。知不可乎骤得，托遗响于悲风。

这不仅是客人之悲叹，亦是千古之哀伤，然而主人却能够以理驭情，从而超越这种局限于有限时空的视野，保持一种冷静深刻、通达乐观的态度。

> 苏子曰："客亦知夫水与月乎？逝者如斯，而未尝往也；盈虚者如彼，而卒莫消长也。盖将自其变者而观之，则天地曾不能以一瞬；自其不变者而观之，则物与我皆无尽也，而又何羡乎！且夫天地之间，物各有主，苟非吾之所有，虽一毫而莫取。惟江上之清风，与山间之明月，耳得之而为声，目遇之而成色，取之无尽，用之不竭。是造物者之无尽藏也，而吾与子之所共适。

赋原本是从《楚辞》发展而成的传统文体之一。经过"汉赋"、魏晋"抒情小赋"直到唐代"律赋"的曲折发展，赋的创作颇为沉寂。发展到宋代，赋逐渐走向散文化，但仍适当运用传统赋的铺张排比手

法，讲究词条，杂以骈偶韵语，成为一种类似散文的赋。《前赤壁赋》便是这样一篇兼具诗文之长的杰出之作。

全篇从乐到悲，又以乐作结，运用了主客对客体这一赋的传统手法，但已不是简单地借设问以说理。主客间的对话，实际是苏轼自己的内心独白，展示了他思想波折、挣扎和解脱的整个过程。

（三）

如果说，《前赤壁赋》是以说理为主，阐明诗人对于自然与人生的真实了悟，那么《后赤壁赋》则承续上文，以写景叙事为主，从现实情境中将这一番真实了悟落实到行动。前后两赋相互照应，相映生辉。

这篇为历代文论家极口称诵的《后赤壁赋》作于这年的十月十五日。那天夜里，苏轼从雪堂回临皋亭，有两位朋友陪同他走过黄泥坂。时至深秋，霜露已降，路旁的树木都只剩下光秃秃的枝干，在夜空中兀然挺立。明亮的月光倾泻下来，三人的身影清晰地映在地上，他们不约而同地举头望月，一时沉醉在这莹洁的月光之中。倏然惊觉，不禁相视而笑，于是一路前行，一路大声唱起歌来。《后赤壁赋》便从这里开始落笔：

> 是岁十月之望，步自雪堂，将归于临皋。二客从予，过黄泥之坂。霜露既降，木叶尽脱。人影在地，仰见明月。顾而乐之，行歌相答。

此情此景，令苏轼游兴陡起：

> 已而叹曰："有客无酒，有酒无肴；月白风清，如此良夜何？"

在这样美好的夜晚，又有朋友相伴，却没有美酒，也没有下酒的菜肴，岂不是很遗憾吗？

客曰："今者薄暮，举网得鱼，巨口细鳞，状如松江之鲈。顾安得酒乎？"

碰巧，朋友家中有一尾黄昏时刚过捕到的鲜鱼，只是不知从哪里能弄到酒。苏轼就想，也许夫人能有办法。

归而谋诸妇。妇曰："我有斗酒，藏之久矣，以待子不时之需。"

果然，夫人说：
"我正好有一斗好酒，预备您临时需要呢。"

于是携酒与鱼，复游于赤壁之下。江流有声，断岸千尺；山高月小，水落石出。曾日月之几何，而江山不可复识矣！予乃摄衣而上，履巉岩，披蒙茸，踞虎豹，登虬龙，攀栖鹘之危巢，俯冯夷之幽宫。盖二客不能从焉。划然长啸，草木震动，山鸣谷应，风起水涌。予亦悄然而悲，肃然而恐，凛乎其不可留也。反而登舟，放乎中流，听其所止而休焉。时夜将半，四顾寂寥。适有孤鹤，横江东来。翅如车轮，玄裳缟衣，戛然长鸣，掠予舟而西也。

他们带着好酒来到赤壁，远远便可听到哗哗的江水声，但见陡峭的江岸绵延千尺，晴朗的夜空下已是一片疏朗的冬景：山峦高耸，月亮恰似镶嵌在山顶上的一颗明珠；江水下落，雪白的岩石露在水面。诗人不禁感慨：才短短两三个月的时间，山容水态竟已变得难以相认了！
于是，他舍舟登岸，踏着险峻的岩石，拨开纷繁的草木，蹲坐在山石之上，又攀上像虬龙一样弯曲的古木，向上可以触到高高的鹘鸟的巢穴，向下可以俯视河神的幽宫。

两位朋友没有跟他上岸，他独自伫立在高崖之上，对着夜空发出一声长啸，声音高亢嘹亮，震动了身边的草木，激起了四面的回声。一种寂寞的悲哀与忧恐袭上心头，他连忙回到舟上，将船放回江心，任它自由飘荡。

夜已深，四周一片寂静，忽见一只孤鹤横飞长江，一声长鸣，自西向东，掠舟而去。

> 须臾客去，予亦就睡。梦一道士，羽衣蹁跹，过临皋之下，揖予而言曰："赤壁之游乐乎？"问其姓名，俯而不答。呜呼噫嘻！我知之矣。畴昔之夜，飞鸣而过我者，非子也耶？道士顾笑，予亦惊寤。开户视之，不见其处。

过了一会儿，他们尽兴而归，各自散去。这天夜里，诗人梦到一位道士，穿着五彩的羽衣飘然而至，向他拱手施礼，说道：

"赤壁之游还进行吗？"

苏轼问他姓名，道士笑而不答。苏轼这才恍然大悟：

"江边飞鸣而过的孤鹤莫非就是您？"

苏轼陡然惊醒，匆忙开门去看，外面除了晴朗的月色，什么也没有。

全篇所表现的都是一种随缘任性的自然之境，诗人也处处以自然本心遇人处事，毫无杂念二心，乐则乐，悲则悲，恐则恐，当行则行，当止则止，一如江边秋色，发乎自然，毫无刻意造作。

文章的构思也是空灵奇幻，云中孤鹤、梦中道士与诗人自身三而一、一而三，迷离恍惚，难以言说，读来真有"凭虚御风，羽化登仙"之感。

第十五章　依依惜别

惆怅东栏一株雪，人生看得几清明。

——（宋）苏轼

（一）

在苏轼贬官黄州期间，神宗曾多次动意要起用苏轼，但都遭到一些大臣的反对。时间发展到元丰六年，变法运动已经持续了整整16年。16年来，神宗殚精竭虑，事必躬亲，国富兵强的理想却始终难以成为现实，相反，这一目的似乎越来越远、越来越渺茫了。他常常感到力不从心，非常希望能有一批强有力的助手来协助自己应付这日见艰难的局面。可是环顾四周，曾几何时，朝廷要职都被一群无能之辈所占据。一想到这点，神宗心中便涌起一阵悲哀。

熙宁初年，变法刚刚开始时，神宗也曾想将各种力量都集中于自己的掌握下，然而，变法阻力如此强大，他不得不采取强硬措施黜退反对变法的官员，专门任用一些拥护新法的人。如此一来，许多有主见有才华的大臣，如司马光、王安石等，都纷纷离朝，唯有王珪这种唯唯诺诺、见风使舵的"三旨相公"可以始终不倒。

改革逐渐陷入困境，神宗心中充满了矛盾与痛苦。他不得不反思以往，考虑起用一些曾经反对新法的官员，其中，司马光、范纯仁、苏轼、李常等，都在考虑范围之内。

可是，起用这些人并非易事，王珪、蔡确等居于高位的既得利益者都坚决反对，唯恐反变法派重新登上政治舞台，自己官位不保，所以千方百计从中作梗。为了不引起更多的矛盾，保持全局的稳定，神宗不得不多次作出暂时的妥协。

神宗第一次准备起用苏轼是在元丰三年九月。这天，神宗与几位宰执大臣商议人事，议论一开始，神宗便拿出一份预先拟定的名单。王珪一看，不由暗自吃惊，上面赫然写道：御史中丞司马光，中书舍人翰林学士苏轼，此外还有其他曾反对变法的大臣都各有任命。

御史中丞有弹劾百官的权力，中书舍人掌管起草皇帝诏令，王珪心想，如此重要的职位，若被反变法人物担任，政局定会发生翻天覆地的变化。

退朝后，王珪急忙与其同伙商量对策，终于想出了一条诡计：设法使西部边境接连不断的小规模军事冲突发展成为战争，吸引皇帝的注意力，此事便可不了了之。

于是，他们一面采取拖延战术，每当神宗问及起用司马光等人的事，他们总是毕恭毕敬地应允正在商量执行，一面由蔡确授意庆州知州俞充，上了一道所谓"平西夏策"，夸大西夏的内乱，声称应趁此大好时机，一举征服西夏，大振国威。

果然，神宗接到俞充的报告，龙颜大悦，再加上几位宰执大臣在一旁煽风点火，极力主战，一场征讨西夏的战争就这样风风火火地准备开了，神宗也无心再过问旧臣的起用问题，王珪等人的目的终于达到。

这场战争从元丰四年正式打响。然而，战争令国家蒙受巨大损失，也给百姓带来了极大的痛苦。

从元丰三年八月开始，朝廷开始进行官制改革。经过一年的准备，到元丰四年基本就绪。一天，神宗主持御前会议，商量官员的任免名单，总的宗旨仍是"新旧人两用之"。神宗提出：

"著作郎非苏轼不可。"

这次由于神宗的坚持，众位宰执大臣也只好同意。神宗又宣布说，等到讨伐西夏的战争一胜利，捷报一到，立即举行庆祝大典。

然而到了十月，消息传来，在征讨西夏的战争中，宋军几乎全军覆没。如此一来，神宗预备的庆典也都成了泡影，新官制也一直推迟到元丰五年五月才正式颁布。而经过大半年的时间，最初议定的名单也已动了十之五六，苏轼的名字自然也早就被王珪等人设法除去了。

元丰六年的一天，苏轼不小心害了红眼病，有一个多月都没出门。一些过往的客人见不到苏轼，便谣传苏轼已经过世。

后来，这个谣言竟传到汴京，传到神宗耳朵里。这天。神宗正要吃饭，忽然听到这个谣言，急得连饭也顾不上吃，马上派人召来大臣蒲宗孟以问究竟。蒲宗孟说：

"近来倒是听到外面有人传说此事，不过臣也并未得到确切消息。"

神宗听了，久久没有说话。最后，他常常地叹息一声，说道：

"真难啊！"

谣言很快就被揭穿了。当神宗得知这个消息不过是个谣言时，心中充满了失而复得的喜悦。这一悲一喜，更加激发了神宗对苏轼的珍惜。

一天，神宗与身边近臣谈论古今人才，问道：

"苏轼可与哪位古人相比？"

近臣回答说：

"颇似李白。"

神宗摇摇头，说：

"不然。李白虽有苏轼的才气，但却缺乏苏轼那么深厚广博的学识。"

这样一个旷世奇才，生长在自己的时代，确实是人主的福气和骄傲。倘若不能为我所用，岂不是最大的遗憾？再也不能拖延了。

（二）

元丰七年（1084），神宗忽然亲笔手札：

苏轼黜居思咎，阅岁滋深；人才实难，不忍终弃。

诏令将苏轼改授汝州（治所在今河南临汝县）团练副使，本州安置，不得签书公事。这一任命十分巧妙，没有撤销原有的处分，只是量移到离京城较近的州郡，算不得重新起用，因此王珪等人也不好反对。

但是，皇帝亲下手诏量移逐臣，意义却非比寻常，等于神宗已将自己对苏轼的眷顾昭示众人，为将来的起用做好了准备。

此时居住在闭塞小城黄州的苏轼，自然不会知道朝中围绕他的起用所发生的一系列事件。在接到诏令后，苏轼百感交集，虽然一切都没有发生根本性的转变，只是稍微内移，但"人才实难，不忍终弃"一行字，显示出了神宗对他的深深眷顾。

作为一名正直的封建知识分子，苏轼具有浓厚的"忠君爱国"的思想，并不因遭遇坎坷而心怀怨恨。只是经历了五年的谪居生活，一想到马上就要告别黄州的一切，心中便万分不舍。他很想上书朝廷，请求神宗允许他继续留在黄州，但又不忍拂逆神宗皇帝的一番好意。汝州毕竟是个繁华富庶的城市，各方面也比黄州要好。犹豫再三，苏轼终于决定离开黄州，赶赴汝州。

离开黄州，苏轼在情感上是不无依恋的。从元丰三年（1080）二月到七年（1084）四月，苏轼在黄州生活了近五年的时间。在这并不太短的岁月里，由于与当时统治集团的关系发生逆战，苏轼遭到了重大的困厄，在政治上成为一个被压迫被打击的对象。作为一个富有理想、富有才华、富有事业心、富有创新精神的士大夫知识分子，苏轼几乎濒于全面破产的危机之中。

但是，苏轼又不甘心于这种压抑打击，相反地，他要求反抗这种打击，冲破这种压抑，于是便将自己的理想、才华与创造性比较集中地转移到文学艺术事业上来，表现了对文学艺术的无限执着与热爱。

　　尽管与过去相比，苏轼在文学创作上的条件已经受到相当限制，即政治上的限制与生活环境上的限制，但苏轼还是在这种限制的范围内发挥了顽强的创造精神，从而为自己的文学艺术创作取得了一个新的高潮，且与在杭州、密州时期呈现出新的不同，即创作的全面繁荣。不论是诗、词、散文、赋、随笔、文艺评论、书法、绘画，以及学术思想等，都有大量的作品，也都达到了新的高峰。

　　由于对现实主义与浪漫主义相结合的原则作了深刻的探索，从而在诗、词方面，产生了不少最具有鲜明艺术个性的作品，甚至产生了《念奴娇》这样具有划时代意义的杰作。因此在黄州谪居时期，也成为苏轼文学创作上最有意义、最为重要的一个时期。

　　苏轼即将离开黄州的消息很快就传开了，前来话别的人络绎不绝，饯行酒会也是一个接着一个。许多朋友都请苏轼题字留念，苏轼本来就不惜笔墨，又极重感情，在这离别伤怀的日子里，自然是一一应承。因此，在黄州的最后一个月，苏轼异常忙碌，很多题赠都是在酒席上即兴完成的。

　　东坡和临皋亭的左邻右舍都舍不得苏轼一家离开，因此纷纷以民间最质朴的方式表达自己的留恋之情。他们中有的送来土特产以表心意，有的主动帮助打点行装。

　　对于黄州父老的深情厚谊，苏轼心中感激。过去，这里的百姓给了自己许多关怀，帮助苏轼一家渡过了许多艰难的日子。点滴往事早已深深烙刻在苏轼心头，令他终生难忘。四月一日那天，在与朋友、邻居的告别宴席上，苏轼无限感慨地写道：

　　　　归去来兮，吾归何处？万里家在岷峨。
　　　　百年强半，来日苦无多。
　　　　坐见黄州再闰，儿童尽，楚语吴歌。
　　　　山中友，鸡豚社酒，相劝老东坡。

云何？当此去，人生底事，来往如梭！

待闲看秋风，洛水清波。

好在堂前细柳，应念我，莫剪柔柯。

仍传语，江南父老，时与晒渔蓑。

——《满庭芳》

（三）

尽管充满离愁别绪，但启程的日子还是不可避免地到来了。清早起来，天气晴朗，空气中也弥漫着清新的气息。东坡上绿油油的水稻已经开始抽穗，雪堂前的桃李也正落英缤纷。邻里好友知道今天苏轼一家出发，都不约而同地来到雪堂前，与他最后话别。

苏轼环顾相邻，想说点什么，但嗓子却哽咽住了。是啊，要说的太多了，怎么能说得清呢？想当初自己被贬谪来到这里，没有亲戚，没有朋友，没有住所，几乎一无所有。患难之中，是黄州的父老乡亲给了他热情的关怀和帮助。今日一别，真不知何时才能故地重游，何时才能再与老友相见。

苏轼衷心地感谢乡亲们对他的一片真情，并致以美好的祝福，随后登上马车，从此又将踏上风波难测的漫漫征途。

这天黄昏，苏轼一行渡过长江，在茫茫的夜色之中前往武昌的王齐愈、王齐万家。四周一片寂静，可以听得到江涛澎湃的声音。忽然，一阵音乐的鼓声隔江传来，苏轼心中不由一震。

这是黄州的鼓声啊！在过去的四年多时间里，这声音伴随他夜游，惊醒他的醉意。平时的鼓角声都带着静夜时分古朴的安详，而今天夹杂着这波涛声，听来竟别有一番凄清悲壮的意味，想来也是为离别而难过吧！

想到这里，苏轼停下脚步，回望东坡，潸然泪下，遂写下《过江夜行武昌山上，闻黄州鼓角》一诗：

清风弄水月衔山，幽人夜度吴王岘。

黄州鼓角亦多情，送我南来不辞远。

江南又闻出塞曲，半杂江声作悲健，

谁言万方声一概，鼍愤龙愁为余变。

我记江边枯柳树，未死相逢真识面。

他年一叶泝江来，还吹此曲相迎饯。

诗歌酣畅淋漓地表现了苏轼对黄州的无限留恋，再一次满怀深情地表示：有朝一日我还会渡江重来，到那时，请你再吹奏这首曲子来迎接我吧！

在王家住了两天后，因老友杨绘新任兴国（今湖北阳新县）军知州，派州学生李翔前来，邀请苏轼往游其地。于是，苏轼便又与几位朋友一同前往。一行人在兴国军逗留了几天，杨绘置酒款待，大家欢饮竟夕。随后，李翔又邀请苏轼等人去他家中座客。

苏轼身材修长，皮肤黝黑，身穿一件刚好及膝的绿色短衫，拄杖而行，往往是一路高歌，飘逸潇洒，给当地人留下了深刻的印象。李翔还将苏轼醉后留题壁上的那间屋子，取名为怀坡阁。

四月十四日，苏轼抵达慈湖，顺江而下，前往九江。在九江逗留几日，又在老友刘恕的弟弟刘格的陪同下，往游庐山。

在庐山及附近游览两日后，苏轼因急着去筠州（今江西高安县）探望弟弟苏辙，故而匆匆下山离去。

几年来，苏轼与苏辙两兄弟书信频寄，经常交流各自读书、作文、学佛、修道诸方面的经验，相互勉励，心心相印。苏辙的几位女婿文逸民、王适、曹焕等，也经常轮流到黄州探望苏轼。

苏辙有三个儿子、七个女儿，经济负担一向很重，经过"乌台诗案"一番离乱播迁，更是"债负山积"，随后又贬官筠州，薪水大减，生活更加艰难。

元丰五年，同僚中经常有人排挤、打击苏辙。苏轼听说后，心里十分难过，却又无能为力，一连写了好几首诗歌安慰弟弟。在《初秋寄子由》一诗中，他又深情地提起了怀远驿中那一段难忘的往事：

> 百川日夜逝，物我相随去。
> 惟有宿昔心，依然守故处。
> 忆在怀远驿，闭门秋暑中。
> 藜羹对书史，挥汗与子同。
> 西风忽凄厉，落叶穿户牖。
> 子起寻袂衣，感叹执我手。
> 朱颜不可恃，此语君莫疑。
> 别离恐不免，功名定难期。

兄弟情深，当年的少年英迈，前途无量，即已期待着携手归隐的一天，何况如今年老衰颓，仕途不济，真不如兄弟两人一道在黄州买田筑室，相依相守，下半生做个草野之民。因此，他接着说：

> 当时已凄断，况此两衰老。
> 失途既难追，学道恨不早。
> 买田秋已议，筑室春当成。
> 雪堂风雨夜，已作对床声。

然而，这一切仍不过是美好而无法实现的梦想，是无奈之中的一点精神慰藉。苏辙仍然早出晚归，勤勤恳恳地守护着他那繁杂而卑微的监酒职责。

第十六章　苏王相见

古之立大事者，不惟有超世之才，亦必有坚韧不拔之志。

——（宋）苏轼

（一）

五月初，苏轼到达筠州，见到了日思夜想的弟弟苏辙。这日适逢端午节，一家人的兴致颇高。他们按照四川老家的风俗，臂上都系上五彩丝线，门上挂上辟邪的菖蒲，苏辙的夫人还亲手做了家乡的水饼，把节日的气氛烘托得十分浓烈。

遗憾的是，苏辙公务繁忙，一大早就去衙门处理公务了。兄弟二人已经有六年没在一起过端午了，原本以为此次可以相对痛饮，没想到又为俗务所扰，苏轼心中不免有些怅然。好在有三个可爱的侄儿围绕身边，苏轼愁闷的情绪也顷刻即散。吃过早饭后，三个侄儿便带着苏轼到筠州名胜真如寺游玩。

苏轼在筠州停留了七八天，兄弟二人都格外珍惜这相处的分分秒秒。他们常常把酒论诗，相互切磋；也常常对床夜语，共诉人生感慨。

风里杨花虽未定，雨中荷叶终不湿。

——《别子由三首兼别迟》

兄弟两人从小都受儒家思想影响，拯世济时的理想并不因仕途坎坷而失落，立身处世的原则也并不因处境艰难而放弃，兄弟俩依然相互勉励，相互劝慰。看着哥哥情绪高昂，对未来充满信心，苏辙也真心为他感到高兴，但他仍不忘提醒哥哥，要有防人之心，平时凡事少说为佳。

不久，苏轼离开筠州，返回九江，在那里等候长子苏迈。此时，苏迈已经26岁，也开始从政，新近被朝廷任命为德兴县尉。苏轼乘船绕道湖口，在那里送苏迈赴任。

五月下旬，苏迈来到湖口与父亲相见。湖口有一座石钟山，郦道元在《水经注》中曾提到它。六月初九日这天，船到湖口，苏轼便与苏迈一同前往石钟山游览。在那里，父子俩很有意义地发现了郦道元所谓"石钟"的秘密。随后，苏轼写下了一篇具有代表性的散文作品《石钟山记》。

《石钟山记》是一篇以论说为主的游记。全文围绕着石钟山名称的由来，根据实地考察的见闻，纠正了前人的说法，并隐身出对没有"目见耳闻"的事物不能"臆断其有无"的哲理，思路清晰，论证透辟。

尤其独特的是，此文的议论是在一种情景交融的优美意境中逐步展开的。例如写月夜泛舟察看山形的一段：

> 至其夜，月明，独与迈乘小舟至绝壁下，大石侧立千尺，如猛兽奇鬼，森然欲搏人。而山上栖鹘，闻人声亦惊起，磔磔云霄间。又有若老人咳且笑于山谷中者，或曰："此鹳鹤也。"余方心动欲还，而大声发于水上，噌宏如钟鼓不绝，舟人大恐。

寥寥几笔，便描绘出一个幽美而又阴森的境界，读之仿若身临其境，而这些情景交融的描写又是直接配合议论的。此篇叙事、抒情、议论三者结合得水乳交融，堪称典范之作。

不久，苏迈在湖口与一家人分别，独自前往德兴县赴任。在临别前，苏轼将自己随身珍藏多年的那方砚台送给苏迈，并亲手在底座刻上四句铭文：

以此进道常若渴，以此求进常若惊。
以此治财常思予，以此书狱常思生。

——《迈砚铭》

苏轼谆谆教诲儿子，一定要努力追求人生的真谛，精进努力，奋发向上，同时要保持一颗仁爱好生的慈悲心，不吝惜财物，积极地付出、给予，帮助那些需要帮助的人。作为县尉，负责一县的治安，审理案件一定要慎重，决不能草菅人命。苏迈谨记父亲教诲，再拜而别。

随后，苏轼携家经池州，过芜湖、当涂，于六月底到达金陵。连续数月的奔波，令他身心疲惫，加上天热日晒，行舟水上，闷热难当，苏轼与夫人都病倒了。于是，苏轼便决定在金陵多停留一些日子。

（二）

苏轼泊舟金陵的消息很快传开了，许多新朋故旧都急切地想要与他会面。退职宰相王安石也住在金陵，听说苏轼来到后，心情格外复杂。

自从熙宁四年上书神宗反对新法而受到变法派弹劾通判杭州后，苏轼与王安石的关系便处于恶化状态。苏轼在为反对新法所作的许多诗歌中，也或明或暗地攻击王安石。而且，他不但攻击王安石的新政，还攻击王安石的为学，认为"王氏欲以其学同天下"，又说王氏之学为"俗学"。

在王安石来说，他对苏轼当然也不无成见，但他比苏轼年长16岁，一些事情看得还是要比苏轼更开明。而且，抛开纷繁的政见不说，对于苏轼的才华，王安石一直都是非常欣赏的。

尽管当年苏轼频频上书攻击新法，此后还写过一些诗文批评新法实行之后所产生的负面影响，曾令王安石感到不安。但作为一位伟大而无私的政治家，在他当政期间，并没有因此而打击、迫害苏轼。相反，到元丰二年苏轼深陷台狱，王安石已不在其位，却仍仗义执言，上书营救。

苏轼在谪居黄州期间，王安石也始终默默地关注着这位比自己年轻许多的当代英才。每次遇到从黄州来的人，他必定要问：

"子瞻近日有何妙语？"

王安石还十分喜爱苏轼的诗歌，有时还会作和诗。对苏轼所作的《钱氏表忠观碑》一文，王安石认为它"绝似西汉"。他不同意有人把苏轼比成为王褒或司马相如，而认为"直须与子长驰骋上下"。在读到苏轼在黄州所作的《胜相院藏经记》后，王安石喜见眉间，连连称赞说：

"子瞻，人中龙也！"

这次听说苏轼来到金陵，并将择日来拜访自己，王安石既高兴又感慨，同时也不免有些顾虑。毕竟过去的岁月里，两人曾有过十分尖锐的对立。但转念一想，当年的争执，彼此都是出于公心，并无半点个人恩怨，因此心中坦然，不等苏轼前来，便骑着毛驴，一身便服，在两位书童的陪伴下，到江边看望苏轼。

苏轼站在舟中，远远看见王安石的身影，十分感慨。14年不见，这位精明强干、雷厉风行的政治家，如今已经是一位风烛残年的老人了！他不假思索，穿着居家的便服跳下船来迎接王安石。

两人执手相对，心情格外激动，一时竟不知说什么好。半响，苏轼才用一句笑谈打破了沉默：

"苏轼今日敢以野服见大丞相。"

王安石朗声笑道：

"礼仪岂是为我辈所设！"

十几年的隔阂，瞬间便冰消瓦解，两位同样伟大的人物，终于在置身于喧嚣的政治舞台之下握手言和，留下了一段文坛佳话。

此后，在逗留金陵的一个多月中，苏轼频频出入于半山园，成为王安石家中的常客。两人谈佛论道，评诗议史，相得甚欢。苏轼在《次荆公韵》中写道：

> 劝我试求三亩宅，从公已觉十年迟。

表现了苏轼对王安石急流勇退的仰慕之情。同时，他也更加不想去汝州复职，想离开仕途，在金陵买些田地，与荆公朝夕相处，老于钟山之下。盘桓许久，感觉此事还是不妥，苏轼只好再次北上。

（三）

从一开始接到诏书，苏轼就不愿移居汝州，只因不忍拂逆神宗的一番好意，才勉强成行。来到他所熟悉的江南后，赴汝的决心更加动摇。尤其是与王安石相见后，王安石也劝他改换一个安置所，最好在江淮一带安家。苏轼也积极着手此事，每到一地都求田问舍，朋友们也纷纷帮他出主意，都希望他定居在离自己近一些的地方。最后，苏轼选定了常州宜兴。

熙宁七年离杭州通判任前，苏轼曾在宜兴买过一些田地。于是，十月十九日，苏轼给神宗写了一篇《乞常州居住表》，希望能够得到朝廷的恩准。

元丰八年（1085）二月，朝廷下达诏令，批准了苏轼乞居常州的申请，且仍以检校尚书水部员外郎、团练副使、不得签书公事、常州居住。

135

收到诏书，苏轼可说是欣慨交加。一方面，他为自己终于可以免除长途奔波，到那人地两生的汝州而庆幸，这次终于可以回到美丽富饶的宜兴，安定闲适地度过余生；另一方面，他又为自己过早退出朝廷，再也不能以身报国、建功立业感到怅然若失。

怀着这种矛盾的心情，苏轼写下了《满庭芳》一词：

归去来兮，清溪无底，上有千仞嵯峨。
画楼东畔，天远夕阳多。
老去君恩未报，空回首，弹铗悲歌。
船头转，长风万里，归马驻平坡。

无何，何处有？银潢尽处，天女停梭。
问"何事人间，久戏风波？"
顾谓同来稚子："应烂汝腰下长柯。"
青衫破，群仙笑我，千缕挂烟蓑。

能够如愿以偿地回到自己向往多年的宜兴居住，使苏轼感到君恩深重。虽然远逐天涯，但君王的眷顾仍像温暖的阳光一样，洒满心坎。怀着壮志未酬的惆怅，他祈祷从此能够一帆风顺，走上平稳安定的人生之路。

正当苏轼感念神宗的恩泽，为"君恩未报"而深感遗憾之时，不幸的消息传来了。这年的三月初五，年仅38岁的神宗皇帝，因积劳成疾，带着事业未竟的满腔遗憾，一病身亡。

噩耗传来，苏轼万分悲痛。18年来，尽管个人遭遇坎坷，但神宗对他的赏识与爱重却是亲历亲闻，而且经过多年的磨砺与反思，他也进一步理解了神宗锐意革新的苦心与功绩。

为了悼念神宗，苏轼一连写下三首挽词，歌颂神宗所创立的功业，痛悼其英年早逝，深切的哀思发自肺腑。

苏轼到达常州已是五月二十二日。走在青山绿水之间，他不禁常常地吁了一口气。数千里的辗转跋涉，四百多个日日夜夜的水上漂泊，总算告一段落。不久，他就在常州租下一所房子，一家人高高兴兴地搬进新居。

在苏轼忙着安顿自己的生活时，朝中政局也在发生着巨大的变化。神宗病逝后，年仅10岁的哲宗赵煦即位。由于哲宗年幼，无法亲政，应群臣要求，神宗的母亲高太后垂帘听政。

高太后的政治态度十分鲜明，十几年来，她一直坚决地站在反变法派的一边。神宗去世后不久，她就传下诏书，批评熙宁、元丰年间的政治，将以"母改子政"的形式，改变神宗的既定政策。这在"以孝治天下"的封建时代原本就是天经地义的事，所以群臣之中也无人敢公开非议。

高太后采取的第一个措施就是起用司马光。三月十七日，司马光应诏入京；五月二十六日，拜门下侍郎；第二年（元祐元年，即1086年）闰二月二日，出任尚书左仆射兼门下侍郎（宰相）。从此以后，北宋进入了一个崭新的阶段，史称"元祐更化"。

司马光一旦在朝中担任要职，以前的那一大批反对变法的大臣也开始被有计划、分步骤地重新起用。苏轼既以才高名世，又曾因讥讽新法下狱遭贬，自然不会被人遗忘。

六月初，汴京城中便已盛传苏轼即将被起用的消息。苏轼的好友王巩最先听到，随即寄信相报，其他朋友也纷纷来人来函，告知苏轼他们在朝中听到的消息，熙熙攘攘，搅得苏轼很不安宁。

果然，到六月下旬，苏轼便接到了朝廷的诏令：以朝奉郎起知登州（治所在今山东蓬莱）军州事。

全家人接到这个任命诏书后，都欣喜若狂，苏迨、苏过把诏令和当月的邸报翻来覆去看了又看，唯恐弄错。朋友们也都争先恐后地前来祝贺。而此时的苏轼，虽然也感到欣喜，但也不免有一丝惆怅在心头萦绕。

极为短暂的安定生活之后，一家人又开始打点行装，准备远行。

一天，苏轼与老友佛印一同乘船游览瘦西湖。佛印大师突然拿出一把题有苏轼诗词的扇子扔到河里，并大声道："水流东坡诗（尸）！"当时苏轼愣了一下，但很快就笑指着河岸上正有在啃骨头的狗，吟道："狗啃河上（和尚）骨！"

第十七章　再被重用

庭下如积水空明，水中藻、荇交横，盖竹柏影也。

——（宋）苏轼

（一）

元丰八年（1085）七月下旬，苏轼一家启程前往登州。与每次一样，苏轼沿途游山玩水、访亲问友，因此直到八月下旬，还逗留在润州一带。

过了中秋，苏轼才继续前行，经泰州，过扬州，抵楚州，九月到达淮口，不巧遇上大风，整整三天无法开船。舟中无事，苏轼便与儿子谈诗论文，消遣时光。

大风过后，苏轼继续前行，并于十月十五日抵达登州。登州百姓早已闻讯赶来，迎接这位名重天下的新知州。船边岸上，到处都是前来迎接的热情的百姓。

上任伊始，苏轼便马不停蹄地开展工作，进行广泛的社会调查。然而就在苏轼准备大展宏图，尽心尽力为登州百姓办点实事时，又接到了朝廷以礼部郎中召还的诏令。

刚到登州，又要匆匆离去。将登州事务移交一下后，苏轼又踏上了回京的旅途。

　　沿途之中，到处都是逢迎的笑脸，满耳都是曲意的奉承。路过青州时，就连时任青州知州、"乌台诗案"的主谋之一李定，都出人意料地接待了苏轼，并为他举行了盛大的宴会。对此，苏轼一概淡然处之。一颗宽广的心灵，既不计较往日的恩怨，也不为今日而沾沾自喜，只是由此更进一步地加深了对人生虚幻性的领悟。面对世事浮沉、人情炎凉，他有些自嘲地写道：

　　　　羡师游戏浮沤间，笑我荣枯弹指内。

　　　　　　　　　　　　　　　　　　——《龟山辩才师》

　　元丰八年十二月上旬，苏轼抵达汴京，就任礼部郎中。不到十天，苏轼又接到朝廷诏令，迁为起居舍人。

　　起居舍人与礼部郎中虽然同为从六品官职，但其重要性却不可同日而语。元丰改制之后，门下省的起居郎、中书省的起居舍人，同领修起居注的职责，记录皇帝言行，合称为左右史。皇帝御正殿时，起居郎与起居舍人侍立两侧；皇帝外出时，则为左右随从。凡是礼乐法度的因革损益，文武百官的任免赏罚，群臣进对，临幸引荐，朝廷所有大小事务，起居舍人皆参与其中。

　　此时早已不再以功名为意的苏轼，丝毫还没意识到，一条为世人所艳羡的光明大道已经在他面前铺开了，那些令人难以置信的荣宠也将接二连三地降临。

　　元祐元年（1086）正月的一天，苏轼以七品服入侍延和殿。皇帝有旨，诏赐绯袍银鱼袋，这也是高级文官的标志。

　　令人惊喜的消息还在不断传来。苏轼任起居舍人不到三个月，朝廷又下来一道特诏：诏令苏轼免试中书舍人。

　　中书舍人一职位居四品，例兼知制诰，实际上已正式参与国家大政方针的讨论及朝廷百官的选派，地位显赫。而且，按规定，"知制诰"

还必须先考试然后任命，宋朝开国百余年，免试任命者仅有陈尧佐、杨亿、欧阳修三人。如今苏轼也荣登此列，不能不说是非常的恩宠。

九月，苏轼再次获得荣升，奉诏任翰林学士知制诰，相当于正三品，专掌内制，承命撰写有关任命将相大臣、册立皇后、太子等大事的文书，以及与周边国家往来的文书等。另外，对大臣奏章的批答亦在其职责范围之内。

作为皇帝身边最亲近的顾问兼秘书，翰林学士知制诰从中唐以来就有"内相"之称，往往是"将相之储"。在苏轼之前，王安石、欧阳修、司马光等，都曾担任过这一职务，并由此升任副宰相。

就任的当日，皇帝特赐给苏轼官服一对，金腰带一条，金镀银鞍辔马一匹，"被三品之服章"，"里巷传呼，亲临诏使；私庭望拜，若被德音"，备极儒臣的尊荣。

这一连串的升迁，在苏轼心中激起的反应除了愕然、惶恐与强烈的知遇之恩外，便是超然于功名利欲之外的淡泊。

元祐二年八月，在原有官职的基础上，苏轼又兼任了经筵侍读。经筵是古代帝王为研读经史而特设的御前讲席，侍读则是皇帝的老师。每年春二月至端午日，秋八月至冬至日，逢单日入侍讲读。

对于这一任命，苏轼从内心深处是十分愿意接受的。"致君尧舜"，这是千百年来中国传统知识分子的最高理想；"帝王之师"，则是实现这一理想的最佳位置。

就这样，在不到一年的时间里，苏轼便从一个被投闲置散的谪官扶摇直上，一跃成为朝廷之中举足轻重的人物。他也一下子变得异常忙碌起来，许多重要的诏令需要由他起草，许多重要的奏章需要由他批答。此外，他还要殚精竭虑地选择各种启发性的教材和方法，为年少的哲宗皇帝讲述历朝历代治乱兴衰的缘由，帮助他培养辨别正邪得失的能力……

（二）

在宋朝时期，朝中一名中级官员的俸禄已是极为可观，而三四品以上的高官待遇更是丰厚。尽管宋朝开国国君宋太祖、宋太宗本身都能防微杜渐，保持着节俭的作风，但在"杯酒释兵权"的宴席上，宋太祖为劝谕开国功臣而发表的"多积金帛田宅以遗子孙，歌儿舞女以终天年"的言论，无疑是对享乐安逸生活的提倡。

对于一般人来说，既有大把的银钱可花，又有君王的默许甚至鼓励，不沉溺于奢华逸乐几乎是不可能的事。随着国家经济的发展，这股奢靡之风更是愈演愈烈，几乎成为士大夫中的一种普遍风尚。

经历了六年多穷困潦倒的贬谪生活之后，苏轼重登朝堂，回到这"金翠耀目，罗绮飘香"的京城大都会，完全可以在这座官僚的乐园中尽情享乐。可是，二十多年宦海沉浮所获得的人生体会，苏轼已经深刻地领悟到"人生如梦""一切皆空"的佛理禅意。在他看来，只有在超越"世俗之乐"的高度上，"以时自娱"，享受物我相忘、无待于外的人生，才是人生的基本内容。在短文《乐苦说》中，苏轼这样写道：

> 乐事可慕，苦事可畏，此是未至时心耳。及苦乐既至，以身履之，求畏慕者初不可得。况既过之后，复有何物比之，寻声捕影，系风趁梦，此四者犹有仿佛也。

人们总是处于一种慕乐畏苦的状态之中，但在苏轼看来，乐既不足慕，苦亦不足畏，身在其中，苦乐一样平常。艰难困苦终将过去，功名利禄又何尝不是过眼烟云呢？这篇短文也表现了苏轼在这一时期对于人生本质的清醒的哲理认识。

正是基于这样一种认识，环境的改变并没有令苏轼迷失自我，荣

华富贵也没有让他随波逐流，他依旧过着简朴恬淡的生活。且由于他乐善好施，经常帮助一些需要帮助的人，虽然拥有三品文官的优厚待遇，手头却并不太宽裕，除了基本的家庭日用之外，极少会有奢侈的排场。

苏轼的官职晋升得很顺利，但朝中的矛盾却越来越大。司马光执政后，实行"元祐更化"，全面废除新政，一切政策、措施都要恢复到熙宁以前的样子。对这种矫枉过正、"不复校量利害，参用所长"的做法，苏轼很不以为然，并多次与司马光争论，尽管苏轼的官职骤迁在很大程度上都得力于司马光的推荐。

元祐元年九月，司马光去世，苏轼与司马光的这场争论才得到缓和。然而不久，苏轼又与程颐发生了矛盾。

程颢、程颐兄弟是洛阳人，苏氏兄弟是四川人，故而程氏兄弟与苏轼的这场争论也被称为"洛蜀党争"。苏轼"素疾程颐之奸"，同在朝中，不免假以色词，故戏笑相失，遂有结怨。为此，程颐门人御史朱光庭感到愤愤不平，多次寻找端由弹劾苏轼。

此外，苏轼对当时统治阶级的政治现状也有所抨击，这也必然会引起一系列新的矛盾与冲突。伴随这大地主大贵族保守集团的专制统治，政治上的黑暗腐败也逐渐暴露出来。当时的统治集团在一些重大问题上，往往赏罚不明，是非不分，蒙蔽真相，上下欺瞒。对待不满于现实政治的农民的反抗，也一并进行残酷的血腥镇压，视无辜百姓的生命为草芥。

这些事实，苏轼亲眼看到的有：泾原诸将在西夏贵族统治集团侵犯时，闭门自守，不加抵抗，致使西夏人大掠而去，如涉无人之境。可这种有罪的将领，居然同边将一样，受到"增秩赐金"。

在西夏人侵扰镇戎时，杀掠者不计其数，约有一万多人。而当时边将向朝廷报告却称"野无所掠"。后来有人检举，朝廷才作调查，提刑官孙路却包庇说，只死亡十余人。这个案件，迁延两年都毫无结

果，死者及其家属都生死衔冤。

广东有个岑探，举起反抗大旗，进行起义，包围新州，朝廷派出以凶残贪暴著名的侩子手童政前往"解围"，结果杀害无辜百姓数千余人。提刑官畏避权贵，不敢弹劾童政，却归罪于新州官吏。又言新州官吏守城有功，可以将功折过。还有一些地方官吏，在镇压起义的过程中，残暴地屠杀无辜妇女。对此，地方官吏不闻不问，监察司法机关也不理睬。直到有人检举了，就下一道批语，称"杀时可与不可辨认"，公开庇护杀人凶犯，使之脱罪。

苏轼对这些大量的现象痛心疾首，乃至忍无可忍。他不怕触犯权贵，也不怕得罪边将重臣，多次加以揭发检举。

当时就治理黄河的问题，朝中大臣也展开了一场重大的争论。黄河故道，日渐淤塞，水势西流，而都水使者却欲夺河身，以复其道。这不但不符合黄河的实际情况，还要耗费巨大的人力物力。河道一旦出现问题，灾祸将更加严重。

对此，苏轼据理力争，认为治理黄河牵涉到亿万人的生命财产，必须作慎重考虑。在这个问题上，苏轼与执政者之意相左，故而彼此矛盾也更加深刻。

苏轼所抨击的对象较多，致使他的政敌也较多，就是当时的执政者中，也有人憎恶苏轼。大贵族、大地主保守统治集团都对苏轼有所不满，故而"共出死力，构造言语"，攻击苏轼，致使他"二年之中，四遭口语"，台官论奏其罪状甚多。

（三）

在朝中为官仅仅两年，苏轼便多次遭受政敌的攻击，这也让他认识到，现在的许多执政者往往以白为黑、以西为东，比之当年的李定、舒亶等人更为险毒。

在触犯当时执政者，遭到政敌的接连打击之下，苏轼终于被迫离开朝廷。元祐四年（1089），苏轼以龙图阁学士出知杭州。

七月，苏轼重莅离别了16年的杭州。刚一到杭州，苏轼就碰上浙西出现大灾荒。这年春天遭遇水灾，不能栽种早稻。到五六月间大水退去，插下晚秧，又遭遇旱灾。第二年的五六月间，大雨不止，太湖泛滥，平地涨起八尺大水，田苗全部被淹没水底，堤堰大部分遭到破坏。

如此一来，百姓连续两年缺衣少穿，粮价也像洪水一样暴涨，不少农民都忍饥挨饿。

苏轼同情百姓疾苦，接连向朝廷写了七份报告，如实反映灾情，请求朝廷免税、拨款，开放常平仓，减少上调粮食数目，采取各项措施，赈济灾民。

在一份报告中，他还回顾了熙宁八年的教训。当时也是闹灾荒，由于地方长官不事前想办法，坐视灾荒来临以致蔓延，结果饿死了50万人，政府还损失了320万贯钱财。因此，苏轼向朝廷强调，这次救灾工作一定要掌握主动，走到前头。

由于苏轼的强有力呼吁，高太后终于批准了他的请求，他提出的各项救灾措施也得到了实施，浙西人民减轻了苦难，度过了饥荒。

苏轼不但发粜常平米，还因时疫流行，多做馇粥药剂，派遣官吏及医生分坊治病，救活了大批病人。杭州的时疫比其他地方要严重，为此，苏轼还筹募了两千缗，又拿出个人的积蓄黄金五十两，设立病坊；还准备了一些钱粮，以救济贫病交迫的百姓。这个病坊制度，后来便沿袭下来。

苏轼还在地方了解了更多的实际情况，又一次向朝廷反映役法的利害问题，希望对有缺陷的地方加以改进。苏轼还反映，过去役法两年一番，农民有六年的空闲；现在无故减为三年一番，农民只有三年的空闲，纷纷表示不满。对此，苏轼便指出一个严重的问题：

"农民凋敝，所忧不小。"

　　苏轼正视社会现状。他在应诏论奏四事中指出，因朝廷大赦，曾多次对贫民下户所欠市易人户、盐钱、酒税和绢等债务，加以放免。然而不法官吏依旧催讨。苏轼说，执政大臣往往只作官样文章，这些文章一经下达，便落入胥力庸人之手，如堕大海。百姓们纷纷反映，"黄纸放了白纸收"，不法官吏不管朝廷又何命令，依然盘剥百姓。苏轼认为，揭发诸如此类问题，言狂意切，必遭众怒，故而希望朝廷将所写"贴黄"不予发表，以全孤危。

　　元祐五年（1090），除了请求朝廷拨款修建杭州的房屋，苏轼还进行了开浚西湖的工程。但是，西湖最大的威胁是葑草的迅速滋长，湖水一年比一年浅。苏轼结合当时的救灾情况，用出粜常平米剩下的一万余贯石，募招民工开湖，使几千人能够生产自救，度过荒年。他还将葑田变为菱荡，不但葑害得到彻底解决，由于种菱年年有出产，于官于民都有好处。

　　苏轼为西湖增设了一条长堤，将北山与南屏连通，并将湖分为两部分，西曰里湖，东约外湖。在长堤上夹植花柳，并建映波、锁澜、望山、压堤、东浦、跨虹六桥，桥上再覆以亭子。后来，堤桥成市，歌舞处处，成为西湖的热闹场所。人们为了纪念苏轼，便将这条长堤称为"苏堤"。"苏堤春晓"，至今仍是西湖上著名的一景。

　　苏轼为杭州百姓造福，杭州人民十分感激他，当时都纷纷在家中挂他的画像，顶礼膜拜，追思他的功劳。而苏轼也对杭州产生了浓厚的感情，将杭州作为自己的第二故乡。可是，他为杭州百姓所办的这些好事，却成了他的政敌们再次用来攻击他的"炮弹"。他们污蔑苏轼修筑长堤是劳民伤财，目的只是为了游乐。

第十八章　屡遭贬黜

墙里秋千墙外道，墙外行人，墙里佳人笑。

——（宋）苏轼

（一）

苏轼在杭州任太守不到两年，便于元祐六年（1091）春天调回朝廷，仍任翰林学士，并有升任宰相的可能。他的弟弟苏辙也从御史中丞升为尚书右丞，成为执政者之一。如此一来，兄弟两人便更加遭到政敌的猜忌，也立刻成为他们攻击的主要对象。

不过，苏辙为人谨慎，不容易被政敌抓到辫子，而苏轼性情率直，心无城府，也很自然地成为他们攻击的重点。因此，苏轼刚一回到朝廷，政敌们就开始不断制造事端，以各种莫须有的罪名加以弹劾，其中最具杀伤力的，是侍御史贾易、御史中丞赵君锡等人，仿效当年的李定、舒亶之流的行为，诬告苏轼在神宗逝世时有欣慰之感，试图再制造一次"乌台诗案"，以悖逆大罪致苏轼于死地。

他们说举出的证据，是苏轼在元丰八年所写的《归宜兴，题扬州竹西寺三首》之一：

此生已觉都无事，今岁仍逢大有年。
山寺归来闻好语，野花啼鸟亦欣然。

这些人说，先帝崩殂，人臣当应"泣血号慕"，而苏轼竟作诗庆贺，视先帝去世的消息为"好语"，连野花啼鸟都高兴，"其义安在"？"是可谓痛心疾首而莫之堪忍者也"。

事实上，这首诗作于元丰八年的五月哲宗策立之初，距神宗去世已有两月。而且此诗已在扬州刻石，写作日期历历可见，一辨即明。

这种恶意的指控令苏轼深感人心险恶，再也不愿留在朝中为官，故而频频上书，要求外任，最后终于获准以龙图阁学士出知颍州（今安徽阜阳县）。

八月二十五日，苏轼到达颍州任上。颍州是个小州郡，官闲事少，政务清简，因此到了颍州之后，苏轼生活恬适，心境平和，有时甚至觉得这样的日子与退隐归乡一样悠闲自在。

颍州虽然政务清简，但也并非无事可做，何况苏轼也常将便民利民视为本职，事事关心，处处留意，因此在短短半年之内，也做了几件大事。

比如，当时开封一带连年水灾，地方官吏不究本末，开沟挖渠，注水于惠民河，结果造成陈州水患严重。

为了解除陈州的灾厄，有人又建议开挖八丈沟，将陈州之水引入颍水，再由颍水进入淮河。这一方法是否可行，朝中意见纷纷，因此，尚书省行文各有关州郡，征询意见。如果得到确认，便动用民工18万，拨出钱粮37万贯石，尽快施工。

当时苏轼刚刚上任不久，仔细研读了这方面的所有文件。在苏轼看来，水利建设对农业生产与农民生活十分重要，这一影响深远、耗资巨大的工程尤其要慎重。

为此，苏轼亲自走访民众，征询意见，同时选派水利方面的官吏仔细到现场勘察测量。勘察的结果表明，开挖八丈沟有害无益。苏轼马上上奏朝廷，终于阻止了这一项劳民伤财而又不惠于民的工程。

这年秋天，颍州久旱不雨，苏轼很为来年冬小麦的收成担忧。苏轼想，要想天助，首先要自助，根本工作还是应搞好农田水利，充分利用颍水与西湖的资源。于是奏请朝廷同意，开发颍州境内的沟渠，然后疏浚西湖，引来焦陂之水，并修清河三闸。

不过，没有等到这项工程结束，元祐七年（1092）三月，苏轼又被改任扬州知府，只好将工程交由他人督办。

接到诏令后，苏轼遂起身自颍移扬。舟过濠州、寿州、楚州、泗州，他都深入村庄，了解到农民已被"积欠"压得喘不过气，日就穷蹙，死亡过半。即使丰收，因要抵交"积欠"，生活比灾年还苦。

了解到这一情况后，苏轼一到扬州，便检查本州"积欠"，指挥依法将某些"积欠"加以除放。而且，他还在《论积欠六事并乞检会应诏所论四事一处行下状》中，大胆而忿怒地对统治集团加紧剥削的"催欠"政策进行了抨击。

当时，统治集团还制定各种各样的苛刻法令，以扩大剥削范围。比如，仓法规定，犯仓法不满百钱，入徒；满十贯，刺配沙门岛。苏轼猛烈抨击这是当今猛政。

苏轼还取消了扬州一年一度的万花会，因为官吏常常缘此为奸，老百姓年年遭殃。这一措施，让扬州百姓无不欢欣鼓舞。

九月，苏轼以兵部尚书召还朝廷，随后改任礼部尚书，复兼端明殿翰林侍读二学士。

（二）

元祐八年（1093）九月三日，宣仁太后去世，哲宗亲政，当时18岁。就当时的政治形势而言，由于宣仁太后的逝世，朝廷也迅速酝酿着某些变化。苏轼曾断断续续在朝中担任侍读，教授过哲宗，对他有所了解，也预感到了政治气候即将发生变化，故而再次请求外调，当即便被哲宗批准出任定州（今河北定县）太守。

在赴任之前，按照惯例，苏轼要去面见皇帝辞行。可他在宫门外等了许久，最后由太监传谕：皇上有要事，无暇接见。苏轼求见不得，越发感到事态的严重性。

由于燕云十六州此时已陷入契丹之手，所以定州也成为当时北宋王朝北边的边防重地。苏轼到达定州后，看到这里是一片腐败黑暗的状况：军政不严，边防松弛，军队当中贪污盗窃案件层出不穷；军民赌博；不法将校，进行敛掠，放债取息。这样一来，法令不行，禁军日有逃亡，聚为"盗贼"；兵士家属因遭到很多剥削，生活困苦，陷入冻馁之中。

为了进行整顿，苏轼对此一一严加处理，并将贪污盗窃分子付狱按治。此外，苏轼还发现，军营营房大段损坏，不庇风雨，遂当即派遣将官，带领工匠，遍诣诸营，逐一检查；然后编造预算，上报朝廷，修盖营房。

元祐九年（1094）四月十二日，哲宗下诏改年号为"绍圣"，意思是继承神宗一朝的施政方针。随后不久，吕大防、范纯仁等罢职，章惇、安焘、吕惠卿、邓润甫、李清臣等出任宰相大臣。这批重回朝堂的变法派大臣，完全抛弃了王安石新法的革新精神和具体政策，将打击"元祐党人"作为主要目标，尽情发泄他们多年来被排挤在外、投闲置散的愤怒。

在这场政治风暴中，苏轼兄弟又首当其冲。早在三月二十六日时，苏辙便因反对正在朝中热烈酝酿的"绍述"之说而去职离京，谪守汝州。四月下旬，依附章惇的御史虞策、殿中侍御史来之邵又沿袭"乌台诗案"时李定等人的故伎，指责苏轼以前在起草制诰、诏令中"语涉讥讪""讥斥先朝"，加以弹劾。

这种毫无新意的攻击，确实是低能者的杰作，而这也恰恰证明了苏轼立朝刚正、风节凛然，令政敌们无懈可击，唯有断章取义，横加诬陷。然而时势已变，低能者的手段竟然再次得逞。

闰四月三日，就在定州的任上，苏轼接到了朝廷的诰命：苏轼落两职（端明殿学士、翰林侍读学士），追一官（撤销定州知州职务），以左朝奉郎（正六品上）知英州（今广东英德县）州事。

接到诰命后，苏轼并不感到意外。半年多前便已预感到的这场风暴，今天真的来临了。事已如此，唯有坦然面对。因此，苏轼即刻启程，前往英州贬所。

然而，前一道诰命刚刚下达，虞策认为"罪罚未当"，于是又传新命，再将苏轼降为充左承议郎（正六品下），仍知英州；接着，又一道诰命下来了：诏苏轼合叙复日不得与叙复，仍知英州。

按照宋朝官制，官员每隔一定年限，如无重大过失，即可调级升官（即叙官），而这道诰命即取消了苏轼叙官的资格。至此，已是三改谪命，足见执政者用心的狠毒，报复的激烈。

在接到这三道诰命不久，前往英州途中的苏轼便又接到第四道诰命。原来，他的政敌们认为这样还不足以惩罚苏轼，随即决定将苏轼落左承议郎，责授宁远军节度副使，惠州安置。

（三）

惠州也就是今天的广东惠阳，位于大庾岭之南，当时人们都称"岭南"为"瘴疠之地"，意思是那里气候湿热，蒸发一种瘴气，容易使人生病。在封建社会，一向都将岭南作为贬逐之所。在北宋时期，也只对"罪恶"比较严重的凡人，才贬逐岭南。

苏轼当时已经58岁，年老多病，遭受这样的打击，忧悸成疾，两眼昏障；两手动作也不灵活；他还悸伤血气，忧隔饮食，所以疾病有加无减。

另外，苏轼一向不善于经营生活，近年来虽然有较高的俸入，但也随手耗尽。这次从北边赶到岭南，号称"万里"，需要相当一笔路费。可行到河南滑州时，已经资用不继。英州还不能来迎接的人，定州的送人也不肯前去，如果要雇用人马，这笔钱就无从所出，真是"道尽途穷"。

万般无奈之下，苏轼只好上书朝廷，希望哲宗"念八年泾筵之旧臣"，准许他乘船赶赴贬所。

这次被贬，苏轼将家人也都作了安排。当他接到谪令时，只想一人前往贬所，但家人和子女不忍这样一个老人只身前往瘴疠之邦，都涕泣求行。后来，苏轼决定由幼子苏过伴随自己，此外，侍妾朝云及两个老婢也一起随行（妻子王闰之此时已经过世）。他还将苏迈、苏迨两房子孙遣送到常州阳羡居住。苏轼自知垂老投荒，无复生还之望，临行前，他与长子苏迈、次子苏迨一一诀别，并安排了后事。

十月二日，苏轼一行到达惠州。惠州地处亚热带，虽然炎热潮湿，但风光优美。在这里，他看到了荔枝、柚子、香蕉园、槟榔树，感到又陌生又亲切。"吏民惊怪坐何事，父老相携迎此翁"。大家都扶老携幼地来观看这位有名的大诗人，不知道他到底犯了什么罪，被贬到惠州来了。

刚到惠州时，苏轼寓居在合江楼，过了十来天，又迁居到嘉佑寺。惠州的风土习俗、生活条件等，与中原或两浙都有所不同。当时的执政者将苏轼及其他一些"元祐党人"贬逐岭外，就是企图利用"瘴疠之邦"的恶劣生活环境给以摧害。

幸好，苏轼对惠州的条件还算适应。在惠州住了半年之后，他感到这里风土差厚，而且山水透邃，食物也不算糟糕，只是药品较少。他过去有痔疾，如今又大发作，常常痛得呻吟不已；而"瘴雾"又是健康的一大严重威胁，会夺人生命，苏轼只好时常注意寒暖饥饱，以免患病。

惠州的官吏和父老都极其关怀苏轼，而苏轼也关怀着惠州人民。他平时收集各种药材，制成各种药品，救治当地的病人。他还设计了利用山水灌溉农田的堤塘。

为让岭南人民提高农业生产率，减轻劳动强度，苏轼在惠州还大力推广了一种新式农具——"秧马"。这是他过去在武昌时亲眼看到农民使用过的。利用"秧马"来插秧，可以日行千畦，比徒手插秧又快又省力。这也是北宋时期在农业生产技术方面值得一提的革新。

苏轼还十分关心百姓的疾苦。当时，福建的监司将"斗茶"送贡朝廷，这是一种搜刮百姓以乞宠于王室的恶劣风气。苏轼知道后，大为忿怒。他想起唐朝时唐明皇为博杨贵妃的欢心，命交州专人火急进贡荔枝，曾给百姓和吏卒带来极大灾难。而今的贡茶，与唐代的贡荔枝，又有何区别？

苏轼嫉恶如仇，用自己的诗笔，对统治阶级荒淫无耻、不顾民生的罪恶加以揭露和抨击，写下了批判性极为强烈而又完全以古讽今的《荔枝叹》。

十里一置飞尘灰，五里一堠兵火催。
颠坑仆谷相枕藉，知是荔枝龙眼来。
飞车跨山鹘横海，风枝露业如新采。
宫中美人一破颜，惊尘溅血流千载。
永元荔枝来交州，天宝岁贡取之涪。
至今欲食林甫肉，无人举觞酹伯游。
我愿天公怜赤子，莫生尤物为疮痏。
雨顺风调百谷登，民不饥寒为上瑞。
君不见武夷溪边粟粒芽，前丁后蔡相笼加。
争新买宠出新意，今年斗品充官茶。
吾君所乏岂此物？致养口体何陋耶！
洛阳相君忠孝家，可怜亦进姚黄花！

这首《荔枝叹》成为苏轼晚年诗歌中具有强烈批判性的一个代表作，也成为苏轼晚年虽被贬逐遭受严重迫害却仍敢于抨击黑暗、同情人民的高贵政治品质的一面镜子。

第十九章　在海南岛

有笔头千字，胸中万卷，致君尧舜，此事何难！

——（宋）苏轼

（一）

绍圣三年（1096），经过几次迁居，为进一步安排生活，苏轼在白鹤峰盖起了一所房子，以作终老之计。在盖白鹤峰新居时，就像他在黄州盖"雪堂"一样，受到当地吏民的协助。

同年七月，惠州瘴疫流行，人命如乱麻，僵仆者不可胜数。在这场流行性疾病的灾祸下，苏轼的侍妾朝云不幸病亡。未出十日，另一位女仆也病亡。朝云去世时，年仅34岁。她在苏轼年老困厄之时，始终不肯离去，始终忠于爱情。失去患难之中的知己，苏轼心中的悲痛可想而知。当时，幼子苏过去河源采购木材未归，两位女仆又逝去一个，老人孤立无助，境况极为凄惨。

遵照朝云的遗嘱，苏轼将她安葬在城西丰湖边的山脚下，还写了一首《悼朝云》诗和一首《西江月》词来深深悼念这位伴随自己的最后一位生活伴侣。

绍圣四年二月，苏迈因授韶州仁化令，携家到惠州。不久，苏迨也携家来到惠州。在流寓生活中，骨肉远至，苏轼自然是十分高兴的，但随即也出现了"老稚纷纷，口众食贫"的困难。

苏轼的广大亲友，都十分关心远在惠州的苏轼。他们或亲自前来探望，或派人专程赶来问候，或频频通信慰劳。与这种情况形成鲜明对比的，是当时的执政者章惇等人，反而进一步加紧迫害"元祐党人"。他们对已故的司马光、吕公著等进行追贬，将吕大防、刘挚、范纯仁等也流放岭南，并贬韩维等三十人官。

当时，苏辙责授化州别驾，雷州安置；黄庭坚谪居黔南；秦少游原在郴州，后奉诏编管横州。对于苏轼，章惇等人认为他在过去的训词中"以肆污诋"，故而再次将其流放，责授琼州别驾，昌化军（在海南岛）安置。

不仅如此，吕惠卿在杭州还拆毁了"苏堤"，在朝廷也毁坏了苏轼所撰的《上清储祥宫碑》，令蔡京别撰。这引起了百姓的极大不满，当时就有人过临江军驿，题下两首诗，抗议当时统治集团所加于苏轼的这种迫害。诗曰：

> 李白当车流夜郎，中原不复汉文章。
> 纳官赎罪人何在，壮士悲歌泪两行。

又曰：

> 晋公功业冠吾唐，吏部文章日月光。
> 千载断碑人脍炙，不知世有段文昌。

四月十七日，苏轼在惠州接到诰命，即于当月十九日起离惠州。刚刚与家人团聚的老诗人，此时竟然又要被发配到更远的海南岛。古往今来，被流放到那里的人很少能有生还者，苏轼也不抱回来的希望，故而将家安置在白鹤峰，带着幼子苏过毅然前往。家人送行，子孙恸哭于江边，以为死别。

苏轼启程后，路经广州，上溯西江，到达广西的梧州。此时，苏辙也被贬至雷州（今广东海康），两人便在梧州附近的滕州（今广西滕县）相见。随后，苏轼陪同弟弟一同南行到雷州。

在雷州，苏轼与苏过住了几天，但却不得不再次离去，苏辙送他们到海边。临别前夕，兄弟俩与儿子们在船上过夜，但却整夜都没有睡上一眼，都感到这是一次生离死别，心情非常悲哀。

次日，苏轼与苏过便乘船渡过琼州海峡，踏上遥远的海南之行。海风浩荡，如万马奔腾；海涛呼啸，如山崩地裂；山谷传响，如钟鼓轰鸣；茫茫无际的海水，酷热难耐的骄阳，粗大茂盛的椰子林，这一切都让苏轼感到一个不曾相识的新天地。

（二）

海南岛是由琼、崖、儋、万四州所著称的岛国，遍地山洞。苏轼登高北望中原，但见四空积水，茫无所见。他开始领会占代邹衍所说的，在中国之外，还有所谓九州，还有所谓大瀛海；也领会到《庄子?秋水篇》所说的"计中国之在海内，不似稊米之在太仓乎"的哲理。

来到海南后，苏轼住在儋州，即今海南岛的儋县，位于海南岛的西部，是少数民族黎族的聚居处。在儋州，苏轼首先在物质生活上遭到了很大困难。儋州比岭南更加落后，而于苏轼来说，几乎是"举无所有"，食无肉，病无药，居无室，出无友，冬无柴，夏无寒泉，洗澡无浴器，又无书籍和笔墨纸张。

当时海南岛吃米都要靠内地输入，秋天时，"北船不到米如珠"，苏轼只好用白水煮红薯、煮芋头，甚至还煮过毛茸茸的苍耳充饥。有时要断炊了，黎族青年也会为他送一些米柴来。断蔬菜久了，他也曾到邻近的园圃中去乞讨，并拿自己以前的笔迹酬谢他们。

苏轼初到儋州时，军使张中曾将他安排在一个狭小的官舍中居住。官舍破漏，张中又派人修葺一下。当时，朝廷派湖南提举常平董必察访广西，本欲置苏轼于死地，后有人劝阻，董必就派使臣过海，将苏轼从

官舍之中赶出。后来，张中也因此事被黜死，其他地方官员也都因此被
降职削官。

　　苏轼既遭迫逐，只好筹钱买地盖间草房，以庇风雨。在盖房子时，
苏轼得到了当地少数民族的热情帮助。所盖的五间茅屋落成后，苏轼
将其名之曰"桄榔庵"。

　　苏轼又向当地官府要求，在桄榔庵附近拨给他一块荒地，他又像当
年在黄州时一样，躬耕田间，同苏过一起过着自食其力的生活。为此，
苏轼还写了一首《籴米》诗，描写自己躬耕的动机和乐趣。诗曰：

> 籴米买束薪，百物资之市。
> 不缘耕樵得，饱食殊少味。
> 再拜请邦君，愿受一廛地。
> 知非笑昨梦，食力免内愧。
> 春秧几时花，夏稗忽已穟。
> 怅焉抚未耜，谁复识此意。

　　这里安宁的生活还激起了苏轼研究学术的欲望。他说：

　　"窃想著书讲道，驰骋百氏，而游于艺学，有以自娱，忘其穷约。"

　　当时的物质条件及生活状况虽然十分恶劣，但苏轼却在这里写成了
《易传》《书传》《论语传》数十卷。《易传》与《论语传》原是在
黄州谪居期间已经写成的，距今已近20年，现在又拿出来重新整理。
完成这三部著作，苏轼感到莫大的欣慰，觉得一生并未虚过。

　　苏轼还写成了《志林》，包括短小精悍的历史评论及日常生活随
笔，但仅完成了一部分。

　　作为一名诗人，苏轼与少数民族黎族生活在一起，其诗歌题材也出
现了其他诗人很难触及的崭新一面。他经常在诗中歌颂儋州的风光，
歌唱黎族人民的生活习俗，还描写海南的气候特征与万物生长情况。
槟榔、椰子、黎族少女头上的茉莉花，等等，都成为他诗歌中的一个
个特写镜头。

（三）

由于种种原因，黎族人民不但在经济生产上十分落后，在文化生活方面也非常落后。在黎族人民中，也有一些知识分子，但为数甚少。苏轼来到海南岛后，作为一个具有先进文明的汉族代表，也将汉族的文化带到这个岛国。黎族人民中的知识分子，均因苏轼的到来而从其游学。

在儋州，苏轼进行了不少传播文化的工作。他经常讲学、著书，以及他本身所具有的卓越的艺术才能，如书法、绘画等，都有利于黎族人民在文化上的进步。在凄凉的老年流放生活中，苏轼从黎族人民身上得到了无限温暖；同样，他也用自己的实际行动，在我国汉族与少数民族关系史上写下了极为珍贵的一页。

从惠州又进一步被流放到海南岛，使苏轼遭受到了很大的痛苦，让他感到"生事狼狈，穷苦万头"，"罪废闲冷，众所鄙远"。在这种情况之下，苏轼又强烈地怀念起陶渊明来。

陶渊明当年在认识到黑暗的社会现实并与之决裂后，虽然贫困饥寒，但仍旧依靠自己的劳动，保持了自己人格的高贵与纯洁，也总算获得了一个比较安定的晚年。而自己，由于种种原因，始终不能弃官归田，"仕不知止，临老窜逐；罪垢增积，玷污亲友"。从这一点来说，苏轼感到自己比陶渊明更加不幸和痛苦。

正因为如此，苏轼也更加认识到陶渊明的伟大，更有感于到陶渊明的为人。因此，苏轼打破了只有拟古没有追和古人的先例，在惠州、儋州期间，几乎和遍了所有的陶诗。

苏轼在儋州期间，很多亲友对他仍然十分挂怀，不少人不顾路途遥远，海水阻隔，仍不断派人前来问候。故乡的杨济甫派儿子前来探望，老友王商彦也派来专人看望苏轼，杭州的两个和尚也渡海而来。但其中最感动人的，颇能说明人们关怀苏轼之深的，是苏轼的同乡老友巢谷。

巢谷一无功名，二无田产，但最关心苏轼。18年前，苏轼谪居黄州，巢谷曾到黄州探望，随后回到四川眉山。当他听说苏轼又遭不幸，流放惠州、海南时，又决定从眉山徒步赴岭外探望苏轼。当时，巢谷已经73岁，人笑其狂。他万里步行，见到苏辙后，在赴海南准备看望苏轼的途中，不幸于新州病逝。

就在苏轼谪居海南岛，过着艰苦的生活之时，朝中再一次发生了重大的变故。元符三年（1100）春正月初九，哲宗崩逝。因为没有儿子，皇位由哲宗的弟弟赵佶继承，是为徽宗。神宗的妻子向氏以皇太后的身份垂帘听政，形势又向有利于元祐臣僚的方向发展。二月，朝廷大赦天下，元祐诸臣纷纷内移。

由于海南地处偏远，直到二三月份苏轼才得知这一情况。五月，朝廷诏下儋州，苏轼以琼州别驾，廉州（今广西合浦县）安置，不得签书公事。

六月，一切准备就绪后，苏轼又一次离别了谪居三年的儋州，准备赴廉州。当地的少数民族纷纷携酒前来饯行，执手涕泣，说：

"此回与内翰相别后，不知何时再得相见。"

苏轼情动于中，不能自抑，提笔写下《别海南黎民表》一诗。诗曰：

> 我本海南民，寄生西蜀州。
> 忽然跨海去，譬如事远游。
> 平生生死梦，三者无劣优。
> 知君不再见，欲去且少留。

几天后，苏轼到达海岛北面的澄迈，登上通潮阁，北望碧海，心潮激荡。大海的那一面，就是他日夜思念的中原大地啊！

　　一日闲来无事，苏轼就去金山寺拜访佛印大师，没料到大师不在，一个小沙弥来开门。苏轼傲声道："秃驴何在？！"小沙弥淡定地一指远方，答道："东坡吃草！"

第二十章　生命终点

归去来兮，我今忘我兼忘世。

——（宋）苏轼

（一）

元符三年六月十七日，苏轼到达廉州。此时，由于徽宗喜得皇子，故而又进行一番赦恩，苏轼也遂授舒州团练副使，永州居住（今湖南零陵）。

在从廉州赴永州的途中，苏轼接到了挚友秦少游逝世的噩耗。秦少游在绍圣元年坐"元祐党籍"被黜后，六年来一直处于极为不安定的流放生活中，在精神和肉体上都遭受极大的损害。八月在滕州（今广西藤县），秦少游因伤暑而暴亡。

秦少游的去世，令苏轼极为哀痛，两天不能下食。他涕泣着对亲友说：

"哀哉少游，痛哉少游，遂丧此杰耶！"

又说：

"当今文人第一流，岂可复得。"

听说秦少游的女婿范温与其兄范冲尚在滕州料理秦少游的后世，苏轼便决定绕道前往，希望能来得及在友人灵前放声一恸，以寄托心中深切的哀思。可是，等他不分昼夜地赶到滕州时，范氏兄弟已于半个月前

载着秦少游的灵柩走了。苏轼伫立通衢，临风洒泪，无限伤感。

此时，长子苏迈一家及幼子苏过的家眷仍在惠州居住，次子苏迨也从常州千里迢迢前来相聚，最后才到惠州。因此，在离开廉州前，苏轼即已写信通知苏迈，让他率领全家到梧州（今广西梧州）相会，然后溯贺江通往永州。

九月中旬，苏轼离开滕州，到达梧州。此时，苏迈、苏迨尚未到达，加上适逢秋旱，贺江水干无舟，只好改道经广州北归。

十一月中旬，正当苏轼与家人相见后，准备乘舟北赴永州时，他又一次接到了朝廷的诰命：复朝奉郎，提举成都府玉局观，外军州任便居住。

"得免湖外之行"，苏轼感到由衷地高兴。至此，他终于得到可以自由定居的许可，流放生活宣告结束。诗人一身疲惫，急切地希望能够尽快安定下来。

在北归的途中，苏轼的心情又是复杂的。回顾岭南、海南的流放生活，苏轼感到就像一场噩梦一般。当时同遭贬逐的人，由于经受不住严重的折磨，大多数已经去世，如吕大防、范纯仁、范祖禹、秦少游等。就连苏轼自己，也已死去仆卒六人。当自己再次度越大庾而北，苏轼对岭上的老人痛苦地发问：

　　问翁大庾岭头住，曾见南迁几个回？

——《赠岭上老人》

进入江西后，苏轼感到自己已经进入了梦境。他认为世事如浮云一样多变，而自己的心田却犹如一片皎洁的孤月。苏轼将自己比作一只不知适可而止的倦鸟，如今到了65岁，还要振翅孤飞。

不过，这几年的流放也有让苏轼感到高兴的地方，自己一生浸淫于文学艺术之中，将它们视为生命，而今还能获得一些余年，再创作一些诗词书画，并非不是一件可以自慰的快事。

此次虽然北归，但像苏轼这样一个虽曾在元祐时期一时爬上过新兴贵族地位然而随即就被迅速打落下来的人，经过几年的流放，生活上依然无所着落。"人老家何在"？苏轼不由这样问自己。现在，摆在他面前的是一个亟待解决的问题：该往何处去安身？

考虑再三，苏轼最后决定到常州去居住。

（二）

多年的流放生活在各方面都给了苏轼严重的打击，不仅让他生计困窘，健康状况也日益恶化。在惠州、海南期间，他痔疮大作，曾几日不能吃饭。在北归期间，以六十多岁的高龄，跋涉劳苦，不可名状。

建中靖国元年（1101）五月，苏轼趁着苏迈、苏迨回常州搬家这段时间，前往金山，与老友程德穗、钱济明一同游览了金山寺，登妙高台，开怀畅谈。

五月下旬，苏轼从金山抵达真州（今江苏仪征）时，身体已经微感不适。但他自觉无关紧要，所以泰然处之。他曾在真州置过几间室屋，备以收租糊口，如今手头紧缺，便打算将这点产业变卖出去，于是泊船江边，继续在此地逗留。

进入六月之后，天气愈加酷热难当。苏轼在舟中无法安身，几乎每夜都在露天里熬过，还没等到常州就患上了暑疾。

在那个时代，66岁已算高龄，苏轼又是从瘴疠之地的岭南返回，身染瘴毒。一年多来，他拖着羸弱的身体行走道途，以舟楫为家，生活极不安定，早已精力衰退，体质虚弱，再加上连日不得安眠，形神交瘁，致使身体百病丛生，卧床不起。

六月初三，由于饮冷过度，苏轼半夜痢疾发作，折腾了整整一夜。第二天，苏轼感到又衰弱又疲惫，只能卧床静养，并叫人去买些黄芪熬粥。黄芪是一种多年生的草本植物，有补气固表的作用。吃了黄芪粥后，苏轼感觉好多了，便躺在床上继续休息。

　　然而几天之后，苏轼忽然又瘴毒大作，腹泻不止，从此消化系统完全紊乱，胃部闷胀，不思饮食，也不能平卧。这样折腾了几天，病情愈加沉重。此时"河水污浊不流，熏蒸成病"，十分难受，苏轼便叫船家将船撑过通济亭，停在闸门之外，希望能"就活水快风，一洗病滞"。可这样过了几天，病情也没有丝毫减轻。

　　这次，苏轼预感自己将不久于人世，于是强支病体，给弟弟苏辙写信，嘱咐后事：

　　"即死，葬我嵩山下，子为我铭。"

　　此后，苏轼的病况时增时减。六月十二日，苏轼离开真州，渡江过润州（今江苏镇江），前往常州。十五日，船到奔牛埭，老友钱济明早已等候在那里。苏轼独自睡在船中，见钱济明进来问候，便缓缓坐起身来，说道：

　　"不料万里生还，却将后事相托。只是我和子由，自从贬往海南之后，不得再见一面，倘若从此永诀，此痛难堪，其余皆无足言矣。"

　　过了好一会儿，他又说道：

　　"我在海外，完成《论语说》《书传》及《易传》等，现在全都托付于你，请暂不要让他人看到，相信三十年后，会有知者。"

　　说着，苏轼就要起身打开书箱，却怎么都找不到钥匙。钱济明见状，忙安慰他说：

　　"您一定会康复的。来日方长，不必忙于交代这些。"

　　不久，苏轼终于拖着病体到达常州，借住在钱济明为他安排的一个孙姓宅子里。在来常州的途中，苏轼给弟弟苏辙写信，对以后的生活作了种种安排。由于自己已经年老，身体又不好，故而在信中将自己的后事也考虑进去，并劝弟弟千万不要徇俗。

　　苏轼一生深受"忠君爱国"思想的毒害，任其愚弄欺骗，而自己在政治上受到如此严重的迫害，对赵宋王室的面目始终认识不清，始终一片愚忠，毫无怨恨。但这次，苏轼下定决心，决意拒绝当时统治集团可能加于自己的起用之命，并且他还打定主意，与两个小儿子闭门

治田，大儿子苏迈仍去赴官。依靠早年在常州置办的田地，他认为这足以维持自己的晚年生活。

（三）

转眼到了七月，苏轼缠绵病榻已经有一月有余。十二日这天，他忽然感到病势减轻，精神颇佳，便起身说道：

"今日意喜近笔砚，试用济明戏书数纸。"

于是起床手书《惠州江月五首》，第二天又作《跋桂酒颂》，一并送给钱济明。

大家都为苏轼病情的好转感到高兴，谁知此时病势骤然减轻并非吉相，而是回光返照。到十四日晚，苏轼的病情极度恶化，一夜高烧，并伴以牙床出血，全身无力。

苏轼自知不起，十八日这天，便将自己的三个儿子叫到床前，交待后事。他说：

"吾生无恶，死必不坠。"

面对死亡，这位饱经风霜的老人平静地回顾自己的一生，光明磊落，无怨无悔，因而自信必能升入自由、自主的精神"天国"。对于生命的意义，苏轼透辟理解；对于人类自身终极关怀的深刻领悟，也消融了苏轼濒死的痛苦和对死亡的恐惧。

建中靖国元年（1101）七月二十八日，一代伟大的诗人、文学家、政治家苏轼，溘然长逝，享年66岁。

"文星落处天地泣"。苏轼病逝的消息一经传出，引起了广大人民的深沉哀痛。吴越的人民，相与哭于市；知识分子们，相与吊于家。当时汴京的太学生有数百人，自发地相聚到佛寺中祭奠苏轼。各阶层的人们，也通过各种不同的方式，表达了对于苏轼的哀悼。

黄庭坚在荆州听到这个噩耗，哀痛得难以起步。张耒在颍州听说苏轼病逝，在佛寺中进行祭奠，却因此而受到政敌的攻击，责授房州

（今湖北房县），黄州安置。

苏辙更是怀着无比的哀痛，追悼自己的兄长。他噙着泪水，写下《东坡先生墓志铭》，详细地讲述了兄长一生的重大行状。

第二年的闰六月，苏辙与苏迈、苏迨、苏过一起，将苏轼的灵柩安葬在汝州郏城县（今河南郏县）钓鱼乡上瑞里嵩阳峨眉山，并将苏轼妻子王闰之的灵柩也由汴京道院迁葬于此。

然而即使在逝世之后，苏轼也仍未获得安宁。徽宗崇宁元年（1102），也就是苏轼去世的第二年秋天，当时以蔡京为首的祸国殃民的腐败统治集团，历诋"元祐党人"，故作翻案文章，将司马光、文彦博及苏轼、苏辙等120多人定为"奸党"，晁补之、黄庭坚、张耒、秦少游等人，也无一幸免。这些"奸党"的姓名，还经徽宗御书刻石于端礼门。

蔡京等人还仇视苏轼在文学艺术上的成就及其所产生的广泛影响，用最卑鄙的手段诏毁"三苏"及黄庭坚、秦少游等人的文集。苏轼的大量艺术珍品，如书法、绘画等，也因此遭到重大焚毁。蔡京还自书"奸党"为大碑，颁于郡县，令监司长吏厅皆刻石。

然而，广大人民群众始终是热爱苏轼的。当他北归时，人民群众有的沿途相随，有的在运河夹道相迎。在他逝世后，人民群众更是通过各种形式对当时统治集团所加给苏轼的迫害进行抗议。当时许多人更是冒着生命危险，冲破统治阶级的罗网，印行苏轼的文集。到了南宋建炎（1127—1130）间，人们崇尚苏氏文章，甚至达到"苏文熟，吃羊肉；苏文生，吃菜根"这样夸张。

统治阶级之对于苏轼，与人民群众之对于苏轼，简直是一种耐人寻味的鲜明对照。

千百年来，苏轼在国内外的影响都极为广泛而深远，他的作品也有着永久的魅力，一直吸引着广大读者。一代文豪苏轼，是我们民族文化的一座丰碑，更是我们中华民族的伟大骄傲！

苏轼生平大事年表

1036年 景祐三年十一月十九日，苏轼降生于四川眉山县纱縠行苏家大院，父亲苏洵，母亲程氏。

1039年 宝元二年，弟弟苏辙降生。

1042年 庆历二年，开始入学读书。

1044年 庆历四年，弟弟苏辙入学。

1053年 皇佑五年，姐姐八娘去世。

1054年 至和元年，与青神县乡贡进士王方之女王弗结婚。

1056年 嘉佑元年，三月，与父亲苏洵、弟弟苏辙一同离家赴京。五月抵京。八月应开封府试，以第二名中举，苏辙也考中。

1057年 嘉佑二年，正月，欧阳修主持礼部考试，苏轼兄弟同科进士及第，名震京城。四月，母亲去世，回乡服孝。

1059年 嘉佑四年，七月，为母服丧结束。十月，举家前往京都。长子苏迈出生。

1060年 嘉佑五年，二月，抵达京师，授河南福昌主簿，不赴。与苏辙寄居怀远驿攻读，准备参加制科考试。

1061年 嘉佑六年，应中制科考试，入第三等。十一月，任凤翔府判官。

1065年 治平二年，正月，自凤翔还朝。二月，召试秘阁，入三等，得直史馆。妻子王弗病逝，时年27岁。

1066年 治平三年，四月，父亲苏洵卒于京师。六月，扶丧归蜀。

1068年 熙宁元年，七月，免丧。十月，娶王弗堂妹王闰之为妻。十二月，离蜀还京。

1069年 熙宁二年，返京，任职史馆。

1070年　熙宁三年，任殿中丞直史馆判官告院，权开封府推官。次子苏迨出生。

1071年　熙宁四年，任告监管；四月，任杭州通判。十一月，到杭州任上。

1072年　熙宁五年，通判杭州。幼子苏过出生。

1074年　熙宁七年，任密州太守。九月，离杭州赴密州任。

1076年　熙宁九年，十二月，以祠部员外郎直史馆移知河中府，离开密州。

1077年　熙宁十年，改知徐州。四月，到徐州任上。

1079年　元丰二年，三月，改知湖州。七月，御史李定等人以谤讪新政的罪名逮捕苏轼。十二月二十九日，责授黄州团练副使，本州安置，不得签书公事。

1080年　元丰三年，谪居黄州，担任黄州团练副使。

1081年　元丰四年，谪居黄州，躬耕东坡。

1084年　元丰七年，四月，诏移汝州团练副使。赴任途中，游庐山、石钟山，过金陵，访王安石。年底到达泗州，上表求常州居住。

1085年　元丰八年，任登州太守。到任五日，以礼部郎中召回京都。

1086年　元祐元年，以翰林学士知制诰。

1089年　元祐四年，任杭州太守。

1091年　元祐六年，任吏部尚书；往京都；任颍州太守。

1092年　元祐七年，任扬州太守；兵部尚书；礼部尚书。

1093年　元祐八年，八月，妻子王闰之去世。调定州太守。

1094年　绍圣元年，四月，以讥讽先朝的罪名被贬谪惠州。

1096年　绍圣三年，七月，侍妾朝云卒于惠州。

1097年　绍圣四年，被贬至海南。七月到达贬所，谪居海南儋州。

1100年　元符三年，五月，大赦，移廉州，七月到达廉州贬所。九月，改舒州团练副使，永州安置。年底，度岭北归。

1101年　建中靖国元年，北返。五月，到达真州，暴病，止于常州。七月二十八日，卒于常州。